U0962974

进阶吧 年轻干部

廉洁自律从起步开始

林广成 等 编著

人民东方出版传媒
People's Oriental Publishing & Media
東方出版社
The Oriental Press

图书在版编目（CIP）数据

进阶吧，年轻干部：廉洁自律从起步开始 / 林广成等编著. —北京：东方出版社，2023.7

ISBN 978-7-5207-3390-8

Ⅰ.①进… Ⅱ.①林… Ⅲ.①中国共产党—青年干部—干部教育 Ⅳ.①D261.4

中国国家版本馆 CIP 数据核字（2023）第 068110 号

进阶吧，年轻干部：廉洁自律从起步开始

（JINJIEBA, NIANQING GANBU: LIANJIE ZILÜ CONG QIBU KAISHI）

编　　著：林广成 等

策划编辑：鲁艳芳

责任编辑：杭　超　鲁艳芳

出　　版：东方出版社

发　　行：人民东方出版传媒有限公司

地　　址：北京市东城区朝阳门内大街 166 号

邮政编码：100010

印　　刷：北京明恒达印务有限公司

版　　次：2023 年 7 月第 1 版

印　　次：2024 年 11 月北京第 4 次印刷

开　　本：710 毫米 ×1000 毫米　1/16

印　　张：14.75

字　　数：205 千字

书　　号：ISBN 978-7-5207-3390-8

定　　价：59.80 元

发行电话：（010）85924663　85924644　85924641

版权所有，违者必究

如有印装质量问题，我社负责调换，请拨打电话：（010）85924725

编辑说明

1. 书中引用的法律法规均为最新版法律法规。

2. 在某一具体条文中，引用同一部党内法规、法律法规的条款内容较多的，采用简约表述的方式引用，而非全部摘录。

3. 书中针对某一条文涉及法律、法规、文件、通知内容较多的，采用合理节选的方式引用。

目 录

CONTENTS

第一部分 纪法常识——那些你要知道的事

第一部分

纪法常识——那些你要知道的事

1. 党的纪律建设的指导思想

党的纪律建设必须坚持以马克思列宁主义、毛泽东思想、邓小平理论、“三个代表”重要思想、科学发展观、习近平新时代中国特色社会主义思想为指导。

★【特别关注】

习近平新时代中国特色社会主义思想，是对马克思列宁主义、毛泽东思想、邓小平理论、“三个代表”重要思想、科学发展观的继承和发展，是当代中国马克思主义、二十一世纪马克思主义，是中华文化和中国精神的时代精华，是党和人民实践经验和集体智慧的结晶，是中国特色社会主义理论体系的重要组成部分，是全党全国人民为实现中华民族伟大复兴而奋斗的行动指南，必须长期坚持并不断发展。

2. 最根本的党内法规

党章是最根本的党内法规，是管党治党的总规矩。

★【特别关注】

党章是党的总章程，是具有最高权威的党内法规，是最基本、最重要的政治纪律总规范。广大党员、干部特别是领导干部都应当增强尊崇党章、维护党章的自觉性，自觉学习党章、遵守党章、贯彻党章、维护党章，自觉加强党性修养，增强党的意识、宗旨意识、执政意识、大局意识、责任意识，在党言党、在党忧党、在党为党。

3. 党的各级组织和全体党员必须遵守的行为规则

党的纪律是党的各级组织和全体党员必须遵守的行为规则。

★【特别关注】

党的纪律是党内行为规范的总称。从形式上说，既包括党章、准则、条例、规则、规定、办法、细则七类成文法规，也包括在长期实践中形成的优良传统、工作惯例等党内规矩。党的纪律是党的各级组织和全体党员必须遵守的行为规则，是维护党的团结统一、完成党的任务的保证。

4. 党的纪律处分工作应当坚持的原则

（一）坚持党要管党、全面从严治党。

（二）党纪面前一律平等。

（三）实事求是。

（四）民主集中制。

（五）惩前毖后、治病救人。

★【特别关注】

（一）坚持党要管党、全面从严治党。把严的基调、严的措施、严的氛围长期坚持下去，加强对党的各级组织和全体党员的教育、管理和监督，把纪律挺在前面，注重抓早抓小、防微杜渐。（二）党纪面前一律平等。对违犯党纪的党组织和党员必须严肃、公正执行纪律，党内不允许有任何不受纪律约束的党组织和党员。（三）实事求是。对党组织和党员违犯党纪的行为，应当以事实为依据，以党章、其他党内法规和国家法律法规为准绳，执纪执法贯通，准确认定行为性质，区别不同情况，恰当予以处理。（四）民主集中制。实施党纪处分，应当按照规定程序经党组织集体讨论决定，不允许任何个人或者少数人擅自决定和批准。上级党组织对违犯党纪的党组织和党员作出的处理决定，下级党组织必须执行。（五）惩前毖后、治病救人。处理违反党纪的党组织和党员，应当实行惩戒与教育相结合，做到宽严相济。

5．四种形态

四种形态，是指让“红红脸、出出汗”成为常态；党纪轻处分、组织调整成为违纪处理的大多数；党纪重处分、重大职务调整的成为少数；严重违纪涉嫌犯罪追究刑事责任的成为极少数。

★ 【特别关注】

监督执纪“四种形态”是全面从严治党的政策和策略，是“把纪律挺在前面”的具体化，体现了惩前毖后、治病救人的一贯方针，根本目的是坚持党的领导、加强党的建设，永葆党的先进性和纯洁性。

6．党纪重点查处的对象

重点查处党的十八大以来不收敛、不收手，问题线索反映集中、群众反映强烈，政治问题和经济问题交织的腐败案件，违反中央八项规定精神的问题。

★ **【特别关注】**

党的二十大报告强调："坚决打赢反腐败斗争攻坚战持久战。腐败是危害党的生命力和战斗力的最大毒瘤，反腐败是最彻底的自我革命。只要存在腐败问题产生的土壤和条件，反腐败斗争就一刻不能停，必须永远吹冲锋号。"党员干部如果是党的十八大以来不收敛、不收手，问题线索反映集中、群众反映强烈，政治问题和经济问题交织的腐败案件，或者存在违反中央八项规定精神的行为，本身就是"四个意识"不强，不同党中央保持一致，应当予以重点审查。

7. 对党员的纪律处分种类

（一）警告；（二）严重警告；（三）撤销党内职务；（四）留党察看；（五）开除党籍。

★ **【特别关注】**

警告是党组织对违纪党员提出的告诫，属于最轻的一种党纪处分，严重警告是一种重于警告的较轻党纪处分，撤销党内职务属于较重的党纪处分，留党察看是仅次于开除党籍的一种较重的党纪处分，开除党籍是最重的党纪处分。

8. 对于违犯党的纪律的党组织的处理

对于违犯党纪的党组织，上级党组织应当责令其作出书面检查或者给予通报批评。对于严重违犯党纪、本身又不能纠正的党组织，上一级党的委员会在查明核实后，根据情节严重的程度，可以改组或解散。

★ **【特别关注】**

对一般违犯党纪的党组织，上级党组织应当责令其作出检查或者进行通报批评；对严重违犯党纪、本身又不能纠正的党组织，才可以根据情节的严重程度，对违犯党纪的党组织改组或解散。

9. 受到警告和严重警告的影响和后果

党员受到警告一年内、受到严重警告一年半内，不得在党内提升职务和担任高于其原任职务的党外职务。

★ **【特别关注】**

“一年内”“一年半内”的起算时间是从警告或者严重警告处分批准之日起计算。

10. 撤销党内职务的影响和后果

党员受到撤销党内职务处分二年内不得在党内担任和向党外组织推荐担任与其原任职务相当或者高于其原任职务的职务。

★ **【特别关注】**

撤销党内职务处分是撤销党内职务。对于在党内担任两个以上职务的，应当明确是撤销其一切职务还是一个或者几个职务。如果撤销其一个职务，必须撤销最高职务。如果撤销两个以上职务，则从最高职务开始依次撤销。对于在党外组织担任职务的，要建议党外组织撤销其党外职务。

11. 留党察看的期限、影响和后果

期限：期限包括留党察看一年和留党察看二年，留党察看期限最长不得超过二年。

影响：党员受留党察看处分期间，没有表决权、选举权和被选举权。

后果：党内职务自然撤销；建议撤销党外职务；恢复党员权利后二年内，不得在党内担任和向党外组织推荐担任与其原任职务相当或者高于其原任职务的职务。

★【特别关注】

留党察看期间，确有悔改表现的，期满后恢复其党员权利；坚持不改或者又发现其他应当受到党纪处分的违纪行为的，开除党籍。这里的“二年内”，是指自党组织批准恢复受处分党员的党员权利之日起二年内，期间自留党察看期限期满之日起计算。

12. 开除党籍的影响和后果

影响和后果：一是五年内不得重新入党；二是不得推荐担任与其原任职务相当或者高于其原任职务的党外职务。

★【特别关注】

受到开除党籍处分的党员不仅不能担任党内职务，也不得推荐到人大、政协、人民团体、国有企业等单位担任相应的党外职务，强化了开除党籍处分的惩戒作用。

13. 党员干部受到党纪处分，需要同时进行组织处理的，如何处理？

党员干部受到党纪处分，需要同时进行组织处理的，党组织应当按照规定给予组织处理。党的各级代表大会的代表受到留党察看以上处分的，党组织应当终止其代表资格。

★【特别关注】

组织处理是指党组织对违规违纪违法、失职失责失范的领导干部采取的岗位、职务、职级调整措施，包括停职检查、调整职务、责令辞职、免职、降职。

14. 从轻或者减轻处分

从轻或者减轻处分的情形包括：（一）主动交代本人应当受到党纪处分的问题；（二）在组织谈话函询、初步核实、立案审查过程中，能够配合核实审查工作，如实说明本人违纪违法事实的；（三）检举同案人或者其他人应当受到党纪处分或者法律追究的问题，经查证属实，或者有其他立功表现；（四）主动挽回损失、消除不良影响或者有效阻止危害结果发生的；（五）主动上交或者退赔违纪所得的；（六）党内法规规定的其他从轻或者减轻处分情形。

★【特别关注】

“主动交代”，是指涉嫌违纪的党员在组织谈话函询、初步核实前向有关组织交代自己的问题，或者在谈话函询、初步核实和立案审查其问题期间交代组织未掌握的问题。“如实说明本人违纪违法事实”，既包括本人单独实施的违纪行为，也包括在共同违纪中参与实施的行为。“同案人”，主要是指与被审查人共同参与、实施了违纪行为的人，其中既包括党员和党组织，也包括非党员和非党组织。“主动挽回损失”，主要是指违纪党员或党组织在其实施的违纪行为已经造成损失的情况下，主动采取有效措施，挽回损失的行为。

15. 从重或者加重处分

从重或者加重处分的情形包括：（一）强迫、唆使他人违纪；（二）拒不上交或者退赔违纪所得；（三）违纪受处分后又因故意违纪应当受到党纪处分；（四）违纪受处分后，又被发现其受处分前没有交代的其他应当受到党纪处分的问题；（五）党内法规规定的其他从重或加重处分情形。

★【特别关注】

如果党员在党纪受处分影响期内又受到党纪处分的，影响期为原处分尚未执行的影响期与新处分影响期之和，并从新处分作出之日起计算影响期。

16. 从轻处分与从重处分

从轻处分，是指在《中国共产党纪律处分条例》规定的违纪行为应当受到的处分幅度以内，给予较轻的处分；从重处分，是指在《中国共产党纪律处分条例》规定的违纪行为应当受到的处分幅度以内，给予较重的处分。

★【特别关注】

从轻、从重只能在违纪行为应当受到的处分幅度以内。从轻、从重处分不是在处分幅度内选择最轻或者最重的，而是选择其中较轻或者较重的处分。

17. 减轻处分与加重处分

减轻处分，是指在《中国共产党纪律处分条例》规定的违纪行为应当受到的处分幅度以外，减轻一档给予处分；加重处分，是指在《中国共产党纪律处分条例》规定的违纪行为应当受到的处分幅度以外，加重一档给予处分。

★【特别关注】

开除党籍不适用减轻处分。开除党籍处分的违纪行为，已经完全丧失了共产党员的条件，对这样的违纪行为，不能给予减轻处分。

18. 直接责任者、主要领导责任者和重要领导责任者

直接责任者，是指在其职责范围内，不履行或者不正确履行自己的职责，对造成的损失或者后果起决定性作用的党员或者党员领导干部。

主要领导责任者，是指在其职责范围内，对直接主管的工作不履行或者不正确履行职责，对造成的损失或者后果负直接领导责任的党员领导干部。

重要领导责任者，是指在其职责范围内，对应管的工作或者参与决定的工作不履行或者不正确履行职责，对造成的损失或者后果负次要领导责任的党员领导干部。

★ 【特别关注】

领导责任者，包括主要领导责任者和重要领导责任者。

19. 党员要模范遵守国家法律法规

党章是最根本的党内法规，是管党治党的总规矩。党的纪律是党的各级组织和全体党员必须遵守的行为规则。党组织和党员必须牢固树立政治意识、大局意识、核心意识、看齐意识，自觉遵守党章，严格执行和维护党的纪律，自觉接受党的纪律约束，模范遵守国家法律法规。

★ 【特别关注】

国家的法律和各项行政法规是在党的领导下，在广泛发扬民主的基础上，由国家最高权力机关制定的。它反映了我国工人阶级和广大人民群众的意志和利益，也是党的政策和主张的体现。党有义务、有责任领导全国人民忠实地严肃地贯彻执行国家的法律和各项法规，共产党员必须模范地带头执行。所有党员和党组织，只有模范地遵守宪法和法律的义务，而没有也不应当有任何超越宪法和法律的特权。

20. 党员违纪一定要给党纪处分吗？

对于违纪的行为，是否要给予党纪处分，要根据具体情况区别对待，需要给予党纪处分的，必须给予处分。可以免予处分的，应当给予批评教育、责令检查、诫勉或者组织处理。对违纪党员免予处分，要作出书面结论。

★ 【特别关注】

党内不允许有不受纪律约束的特殊党员。任何党员违犯了党的纪律，都必须受到追究，应当受到党的纪律处分的，都必须依照《中国共产党纪律处分条例》给予相应的处分。同时，对于党员违犯党纪应当给予警告或者严重警告处分，但是具有“主动交代本人应当受到党纪处分的问题；在组织谈话函询、初步核实、立案审查过程中，能够配合核实审查工作，如实说明本人违纪违法事实；检举同案人或者其他人应当受到党纪处分或者法律追究的问题，经查证属实，或者有其他立功表现；主动挽回损失、消除不良影响或者有效阻止危害结果发生的；主动上交或者退赔违纪所得的；党内法规规定的其他从轻或者减轻处分情形”或者另有规定的，可以给予批评教育、责令检查、诫勉或者组织处理，免予党纪处分。

21. 党员涉嫌犯罪移送司法机关前要先给予党纪处分吗？

党组织在纪律审查中发现党员严重违纪涉嫌违法犯罪的，原则上先作出党纪处分决定，并按照规定由监察机关给予政务处分或者由任免机关（单位）给予处分后，再移送有关国家机关依法处理。即党员涉嫌犯罪的，一般在移送司法机关前，应当对已经查明的违纪行为作出处理，给予相应的党纪处分和政务处分，体现党纪的严肃性。

★ 【特别关注】

党员严重违纪涉嫌违法犯罪的案件并不一定是由党组织先行受理的，也可以是有关国家机关先行发现党员的涉嫌违法犯罪线索，但在有关国家机关作出处理前，党组织可以依照规定给予党纪处分。对个别特殊、疑难、复杂案件，一时难以定性量纪处分的，也可以等司法机关作出处理后再给予相应的党纪处分、政务处分。

22. 党员有刑法规定的行为必须处分吗？

党组织在纪律审查中发现党员有刑法规定的行为，虽不构成犯罪但须追究党纪责任的，或者有其他破坏社会主义市场经济秩序、违反治安管理等违法行为，损害党、国家和人民利益的，应当视具体情节给予警告直至开除党籍处分。

违反国家财经纪律，在公共资金收支、税务管理、国有资产管理、政府采购管理、金融管理、财务会计管理等财经活动中有违法行为的，依照上述规定处理。

党员有嫖娼或者吸食、注射毒品等丧失党员条件，严重败坏党的形象行为的，应当给予开除党籍处分。

★【特别关注】

如情节显著轻微，可以不予处分或免予处分，或者应当给予警告、严重警告处分，但有减轻情节的，可以免予处分，给予批评教育、责令检查、诫勉或组织处理。

23. 党员犯罪的一律开除党籍吗？

党员犯罪的应当给予党纪处分，但不一定必须给予开除党籍处分。根据犯罪具体情况、情节轻重，可以给予撤销党内职务、留党察看或者开除党籍处分。但是对“因故意犯罪被依法判处刑法规定的主刑（含宣告缓刑）、被单处或者附加剥夺政治权利、因过失犯罪被依法判处三年以上（不含三年）有期徒刑”的，应当给予开除党籍处分。

★ **【特别关注】**

因过失犯罪被判处三年以下有期徒刑或者被判处管制、拘役的，一般应当开除党籍。对于个别可以不开除党籍的，应当对照处分违纪党员批准权限的规定，报请再上一级党组织批准。

24. 党员违反计划生育政策还受党纪处分吗？

2021 年 8 月 20 日，全国人大常委会会议表决通过了关于修改人口与计划生育法的决定，修改后的人口计生法规定，国家提倡适龄婚育、优生优育，一对夫妻可以生育三个子女。但这不意味着我们国家取消了计划生育政策，对超计划生育等违反计划生育政策的，仍属于违反的行为。

★ **【特别关注】**

《中国共产党纪律处分条例》删除了超计划生育的处分条款内容，绝不意味着对党员在遵守有关计划生育法律法规方面的松绑。如果党员违法超计划生育，需要追究党纪责任的，仍然要按照《中国共产党纪律处分条例》总则中的纪法衔接条款予以党纪处分。

25. 党员有交通违法行为要受党纪处分吗？

交通违法行为有的是违反了行政管理法规，有的则可能涉嫌犯罪。根据《中国共产党纪律处分条例》第四章有关规定，党组织在纪律审查中发现党员有刑法规定的行为，虽不构成犯罪但须追究党纪责任的，或者有其他破坏社会主义市场经济秩序、违反治安管理等违法行为，损害党、国家和人民利益的，应当视具体情节给予警告直至开除党籍处分。违反国家财经纪律，在公共资金收支、税务管理、国有资产管理、政府采购管理、金融管理、财务会计管理等财经活动中有违法行为的，依照前款规定处理。党员有嫖娼或者吸食、注射毒品等丧失党员条件，严重败坏党的形象行为的，应当给予开除党籍处分。

所以，即使党员犯罪情节轻微，人民检察院依法作出不起诉决定的，或者人民法院依法作出有罪判决并免予刑事处罚的，也应当给予党纪处分。因此，对交通违法行为，是否要给予党纪处分，要根据具体情况，涉嫌犯罪的或者违法行为严重的，应当受到党纪处分。

★ **【特别关注】**

对于一般的交通违法行为，不构成犯罪，没有损害党、国家和人民利益的，可以给予批评教育、责令检查、诫勉或者组织处理。

26. 党员违反单位内部规章会受到党纪处分吗？

根据《中国共产党纪律处分条例》第三十五条第三款的规定，党员违反国家法律、企事业单位或者其他社会组织的规章制度受到其他处分，应当追究党纪责任的，党组织在对有关方面认定的事实、性质和情节进行核实后，依照规定给予相应党纪处分或者组织处理。

★ 【特别关注】

认真遵守单位内部规章制度，是一个职工必须遵守的规矩。党员违反单位内部规章制度，情节严重，影响党的形象的，则应当视情节轻重受到党纪处分或组织处理。

27. 司法机关改判后党纪处分必须改吗？

《中国共产党纪律处分条例》第三十五条第四款规定，党组织作出党纪处分或者组织处理决定后，监察机关、司法机关、行政机关等依法改变原生效判决、裁定、决定等，对原党纪处分或者组织处理决定产生影响的，党组织应当根据改变后的生效判决、裁定、决定等重新作出相应处理。

★ 【特别关注】

如果司法机关改判后足以影响原党纪处分决定的，应当重新作出党纪处分。如果不影响原党纪处分决定的，可以维持原处分决定。

28. 党的六项纪律是如何划分的？

《中国共产党纪律处分条例》将违纪行为分为违反政治纪律、组织纪律、廉洁纪律、群众纪律、工作纪律和生活纪律行为六类。党的六项纪律已经写入了党章，在党内根本大法中固定下来。政治纪律是党的各级组织和全体党员在政治方向、政治立场、政治言论和政治行为方面必须遵守的行为准则，是维护党的团结统一的根本保证。组织纪律是规范和处理党的各级组织之间、党组织与党员之间以及党员与党员之间关系的行为规则，是维护党的集中统一、保持党的战斗力的重要保证。廉洁纪律是党组织和党员在从事公务活动或者其他与行使职权有关的活动中，应当遵守的廉洁用权的行为规则，是实现干部清正、政府清廉、政治清明的重要保障。群众纪律是党组织和党员在贯彻执行党的群众路线和处理党群关系过程中必须遵循的行为规则，是党的性质和宗旨的体现，是密切党与人民群众血肉联系的重要保证，更具有执政党纪律的特色。工作纪律是党组织和党员在党的各项具体工作中必须遵循的行为规则，是党组织和党员依规开展各项工作的重要保证。生活纪律是党员在日常生活和社会交往中应当遵守的行为规则，涉及党员个人品德、家庭美德、社会公德等各个方面，关系党的形象。

★【特别关注】

党组织和党员违反党的六项纪律的，应当追究党纪责任。

29. 违反《中国共产党廉洁自律准则》会受到党纪处分吗？

《中国共产党廉洁自律准则》是共产党员的高标准，是道德高线，违反准则的行为，多数情况下倡导教育的方式，启发自觉。

★【特别关注】

违反了《中国共产党廉洁自律准则》，同时又违反了党规党纪，则要受到党纪处分。

30. 对共同违纪的如何处理？

二人以上共同故意违纪的，对为首者，从重处分，《中国共产党纪律处分条例》另有规定的除外；对其他成员，按照其在共同违纪中所起的作用和应负的责任，分别给予处分。对于经济方面共同违纪的，按照个人参与数额及其所起作用，分别给予处分。对共同违纪的为首者，情节严重的，按照共同违纪的总数额处分。教唆他人违纪的，应当按照其在共同违纪中所起的作用追究党纪责任。

★ **【特别关注】**

“教唆”，主要是指以授意、怂恿、劝说、利诱或者其他方法故意唆使他人违纪。行为人必须具有教唆他人实施违纪的故意，即必须认识到自己的教唆会引起被教唆人产生违纪故意和行为，并希望被教唆人实施违纪，或者放任结果的发生。

31. 开除党籍与除名有什么区别?

党章第九条规定，党员要求退党，应当经支部大会讨论后宣布除名，并报上级党组织备案。党员缺乏革命意志，不履行党员义务，不符合党员条件，党的支部应当对他进行教育，要求他限期改正；经教育仍无转变的，应当劝他退党。劝党员退党，应当经支部大会讨论决定，并报上级党组织批准。如被劝告退党的党员坚持不退，应当提交支部大会讨论，决定把他除名，并报上级党组织批准。党员如果没有正当理由，连续六个月不参加党的组织生活，或不交纳党费，或不做党所分配的工作，就被认为是自行脱党。支部大会应当决定把这样的党员除名，并报上级党组织批准。

开除党籍处分是党内的最高处分，受到开除党籍处分的，五年内不得重新入党，也不得推荐担任与其原任职务相当或者高于其原任职务的党外职务。

★ 【特别关注】

退党、劝退、自行脱党被除名的，不属于党纪处分，对重新入党没有时间方面的禁止性规定。

32. 停止党籍是党纪处分吗?

停止党籍是党组织对党员的一种管理手段，不是党纪处分。根据有关规定，普通党员自费出国留学、获取国（境）外永久居留资格、长期居留许可，赴国外定居的，应当向组织提出申请，按照规定办理停止党籍的手续。这种停止党籍，是指党组织停止与其发生党的组织关系，停止收其党费。

★ 【特别关注】

停止党籍后不再具备党员资格，也不作为党员人数统计。

33. 违纪后下落不明或死亡的党员怎么办?

《中国共产党纪律处分条例》第三十七条规定，对违纪后下落不明的党员，应当区别情况作出处理:（一）对有严重违纪行为，应当给予开除党籍处分的，党组织应当作出决定，开除其党籍;（二）除前项规定的情况外，下落不明时间超过六个月的，党组织应当按照党章规定对其予以除名。第三十八条规定，违纪党员在党组织作出处分决定前死亡，或者在死亡之后发现其曾有严重违纪行为，对于应当给予开除党籍处分的，开除其党籍；对于应当给予留党察看以下处分的，作出违犯党纪的书面结论和相应处理。

★【特别关注】

党员违纪后下落不明，是指违纪党员离开工作地点、居住地点后不知去向、没有音讯的状况。如果仅是在相对较短时间内无法联系或者无法找到涉嫌违纪党员的，不能认定为党员违纪后下落不明。对该违纪党员的违纪所得，应当予以追缴。

34. 主动交代与坦白有何区别?

《中国共产党纪律处分条例》第四十条规定，本条例所称主动交代，是指涉嫌违纪的党员在组织谈话函询、初步核实前向有关组织交代自己的问题，或者在谈话函询、初步核实和立案审查期间交代组织未掌握的问题。第十七条第（一）项规定，主动交代本人应当受到党纪处分的问题，可以从轻或者减轻处分。所谓“坦白”，是指在组织核实、立案审查过程中，能够配合核实审查工作，如实说明本人违纪违法事实。所谓“如实”，是指既不缩小也不扩大，实事求是地供述自己的违纪行为。如实说明本人违纪违法事实，既包括本人单独实施的违纪行为，也包括在共同违纪中参与实施的行为。

★【特别关注】

在组织谈话函询、初步核实、立案审查过程中，能够配合核实审查工作，如实说明本人违纪违法事实，可以从轻或者减轻处分。

第二部分

正面清单——那些你必须做的事

一、政治纪律和政治规矩

1. 自觉同党中央保持高度一致

党的力量来自党的组织。党的全面领导、党的全部工作都要靠党的坚强组织体系去实现。党中央是大脑和中枢，必须有一锤定音的权威。要做到，党中央提倡的坚决响应，党中央决定的坚决照办，党中央禁止的坚决杜绝，任何时候任何情况下都做到政治立场不移、政治方向不偏。

广大党员干部要牢固树立政治意识、大局意识、核心意识、看齐意识，坚定维护以习近平同志为核心的党中央权威和集中统一领导。只有坚持党中央的集中统一领导，中国特色社会主义才能够实现，中华民族伟大复兴才能够实现。这是大是大非问题，也是广大年轻干部必须遵循的政治原则和根本政治要求。《中国共产党纪律处分条例》第四十九条规定，在重大原则问题上不同党中央保持一致且有实际言论、行为或者造成不良后果的，要给予处分，目的是通过设定严格的处分规定，促进和保障党组织和党员牢固树立政治意识、大局意识、核心意识、看齐意识，坚决维护习近平总书记党中央的核心、全党的核心地位，坚决维护党中央权威和集中统一领导，在思想上政治上行动上同党中央保持高度一致。每一个党组织、每一名党员干部，无论在哪个领域、哪个层级、哪个部门和单位，都要服从党中央集中统一领导，确保党中央令行禁止，决不允许背着党中央另搞一套。

【纪法依据】

《中国共产党章程》总纲规定，必须实行正确的集中，牢固树立政治意识、大局意识、核心意识、看齐意识，坚定维护以习近平同志为核心的党中央权威和集中统一领导，保证全党的团结统一和行动一致，保证党的决定得到迅速有效的贯彻执行。第三条规定，党员必须“增强‘四个意识’、坚定‘四个自信’、做到‘两个维护’，贯彻执行党的基本路线和各项方针、政策”。

《关于新形势下党内政治生活的若干准则》规定，坚持党的领导，首先是坚持党中央的集中统一领导。一个国家、一个政党，领导核心至关重要。全党必须牢固树立政治意识、大局意识、核心意识、看齐意识，自觉在思想上政治上行动上同党中央保持高度一致。党的各级组织、全体党员特别是高级干部都要向党中央看齐，向党的理论和路线方针政策看齐，向党中央决策部署看齐，做到党中央提倡的坚决响应、党中央决定的坚决执行、党中央禁止的坚决不做。

《中国共产党问责条例》第七条第（二）项规定，党组织、党的领导干部违反党章和其他党内法规，不履行或者不正确履行职责，对党的政治建设抓得不实，在重大原则问题上未能同党中央保持一致，造成严重后果或者恶劣影响的，应当予以问责。

《中国共产党纪律处分条例》第四十九条规定，在重大原则问题上不同党中央保持一致且有实际言论、行为或者造成不良后果的，给予警告或者严重警告处分；情节较重的，给予撤销党内职务或者留党察看处分；情节严重的，给予开除党籍处分。

2. 自觉抵制消极反动言论

习近平总书记曾指出：全党同志要“在党言党、在党忧党、在党为党，把爱党、忧党、兴党、护党落实到工作生活各个环节，敢于同形形色色违反党内政治生活原则和制度的现象作斗争”[①]。消极反动言论的散播严重污染社会环境，破坏社会和谐，危害国家安全。年轻干部一定要自觉抵制。

随着社会交往的增多、通信手段的发达和媒体的活跃，一些人出于各种目的和动机，或有意或无意，在手机信息里、在餐桌上、在各种场合，或编成段子，或编成顺口溜，肆意编造和传播政治谣言，妄议中央大政方针，丑化党和国家、军队及领导人形象，损害了党和政府在人民群众中的威信，损害了党的集中统一，干扰破坏了党和国家对社会事务的正常管理活动。作为年轻干部，什么话能说、什么话不能说，什么事能办、什么事不能办，必须心中有数。既要心存敬畏，手握戒尺，谨言慎行，违反党的纪律和规矩的话不能说，违反党的纪律和规矩的事不能办，有损党的形象和声誉的话不能说，有损党的形象和声誉的事不能办，又要平常时候看得出来，关键时刻站得出来，危急关头豁得出来。

近几年，散布传播消极反动言论的情况虽然有所减少，但仍然存在，对于这些行为，党纪国法均有严格的惩治措施。特别是对消极反动言论的编造者和造成严重后果的传播者，将坚决严肃处理；对那些出于猎奇、消遣目的，无意传播，情节较轻的，也有相应的批评教育或处分。

---

① 《习近平关于严明党的纪律和规矩论述摘编》，中央文献出版社、中国方正出版社 2016 年版，第 83 页。

【纪法依据】

《中华人民共和国公职人员政务处分法》第二十八条规定，对“散布有损宪法权威、中国共产党领导和国家声誉的言论”的公职人员予以处分；情节较重的，降级或者撤职；情节严重的，开除公职。对“公开发表反对宪法确立的国家指导思想，反对中国共产党领导，反对社会主义制度，反对改革开放的文章、演说、宣言、声明等”的公职人员，开除公职。

《中华人民共和国公务员法》第五十九条规定，公务员应当遵纪守法，不得散布有损宪法权威、中国共产党和国家声誉的言论，组织或者参加旨在反对宪法、中国共产党领导和国家的集会、游行、示威等活动。

《中国共产党纪律处分条例》第五十条规定，通过网络、广播、电视、报刊、传单、书籍等，或者利用讲座、论坛、报告会、座谈会等方式，公开发表坚持资产阶级自由化立场、反对四项基本原则，反对党的改革开放决策的文章、演说、宣言、声明等的，给予开除党籍处分。发布、播出、刊登、出版前款所列文章、演说、宣言、声明等或者为上述行为提供方便条件的，对直接责任者和领导责任者，给予严重警告或者撤销党内职务处分；情节严重的，给予留党察看或者开除党籍处分。第五十一条规定，通过网络、广播、电视、报刊、传单、书籍等，或者利用讲座、论坛、报告会、座谈会等方式，有下列行为之一，情节较轻的，给予警告或者严重警告处分；情节较重的，给予撤销党内职务或者留党察看处分；情节严重的，给予开除党籍处分：（一）公开发表违背四项基本原则，违背、歪曲党的改革开放决策，或者其他有严重政治问题的文章、演说、宣言、声明等；（二）妄议党中央大政方针，破坏党的集中统一；（三）丑化党和国家形象，或者诋毁、诬蔑党和国家领导人、英雄模范，或者歪曲党的历史、中华人民共和国历史、人民军队历史。发布、播出、刊登、出版前款所列内容或者为上述行为提供方便条件的，对直接责任者和领导责任者，给予严重警告或者撤销党内职务处分；情节严重的，给予留党察看或者开除党籍处分。第五十二条规定，制作、贩卖、传播第五十条、第五十一条所列内容之一的报刊、书籍、音像制品、电子读物，以及网络文本、图片、音频、视频资料等，情节较轻的，给予警告或者严重警告处分；情节较重的，给予撤销党内职务或者留党察看处分；情节严重的，给予开除党籍处分。私自携带、寄递第五十条、第五十一条所列内容之一的报刊、书籍、音像制品、电子读物等入出境，情节较重的，给予警告或者严重警告处分；情节严重的，给予撤销党内职务、留党察看或者开除党籍处分。私自阅看、浏览、收听第五十条、第五十一条所列内容之一的报刊、书籍、音像制品、电子读物，以及网络文本、图片、音频、视频资料等，情节严重的，给予警告、严重警告或者撤销党内职务处分。

《行政机关公务员处分条例》第十八条第一款第（一）项规定，公务员“散布有损国家声誉的言论”，给予处分；情节严重的，给予开除处分。属于不明真相被裹挟参加，经批评教育后确有悔改表现的，可以减轻或者免予处分。

《国务院关于修改和废止部分行政法规的决定》第二十五条规定，任何出版物不得含有下列内容：反对宪法确定的基本原则的；危害国家统一、主权和领土完整的；泄露国家秘密、危害国家安全或者损害国家荣誉和利益的；煽动民族仇恨、民族歧视，破坏民族团结，或者侵害民族风俗、习惯的；宣扬邪教、迷信的；扰乱社会秩序，破坏社会稳定的；宣扬淫秽、赌博、暴力或者教唆犯罪的；侮辱或者诽谤他人，侵害他人合法权益的；危害社会公德或者民族优秀文化传统的；有法律、行政法规和国家规定禁止的其他内容的。

《中共中央关于加强和改进党的作风建设的决定》规定，党的各级组织和全体党员不允许编造、传播政治谣言及丑化党和国家形象的言论。禁止参与各种非法组织和非法活动。

3. 坚决抵制分裂党的活动

中国共产党是领导中国特色社会主义建设的核心力量，其治国理政的责任决定了任何党员都不能在党内组织秘密集团或者组织其他分裂党的活动。“坚决维护习近平总书记党中央的核心、全党的核心地位，坚决维护以习近平同志为核心的党中央权威和集中统一领导”是党的各级组织和每名党员必须自觉遵守的严肃的政治纪律，也是必须履行的义务。同时，各级组织和每名党员必须自觉抵制那些“秘密集团”和分裂党的行为。

“秘密集团”一般是指由党内少数人以秘密勾结、阴谋串联的方式建立的，从事反对党的路线、方针、政策、决议和分裂党的活动的组织。对所建立的“秘密集团”，必须取缔。处理时要注意区分组织者与参加者，对组织者给予开除党籍处分，对参加者给予留党察看或者开除党籍处分。

【纪法依据】

《中国共产党章程》第三条第（五）项规定，党员必须维护党的团结和统一，对党忠诚老实，言行一致。

《中国共产党纪律处分条例》第五十三条规定，对“在党内组织秘密集团或者组织其他分裂党的活动的”，开除党籍。对“参加秘密集团或者参加其他分裂党的活动的”，留党察看或者开除党籍。

4. 自觉抵制党内的拉帮结派活动

中国共产党是无产阶级政党，与资产阶级政党有本质的区别，不允许指导思想多元化，也不允许各种“派系”“团伙”“山头”存在，必须在思想上和行动上保持绝对统一。在党内搞团团伙伙、结党营私、拉帮结派、培植私人势力等行为，以及在党内表现出来的阳奉阴违的两面派行为和阴谋诡计行为，是同无产阶级政党的党性根本不相容的。

拉帮结派是以利益为黏合剂的思想和行为，在政治上任人唯亲、排斥异己，在经济上互为谋利、共同分赃，在人事上封官许愿、弹冠相庆，在工作上自行其是、阳奉阴违，具有极大的破坏性。在帮派内部，只知有团伙，不知有组织；只知有靠山，不知有纪律，是党内政治生活庸俗化、封建化的形式表现。现实中，有的党员搞阳奉阴违和阴谋诡计；有的为了达到个人或者小集团的目的，或串通一气，或拨弄是非、挑拨离间，或散布不实情况，诋毁党组织及其领导人，或私下进行其他违反党的组织原则的活动，破坏正常的党组织生活。这些行为严重违反党的纪律，实质上是对党组织的背叛，破坏党的团结和统一，削弱党组织的战斗力，严重危害党的事业，年轻干部一定要自觉抵制。

【纪法依据】

《中国共产党章程》第三条第（五）项规定，党员必须坚决反对一切派别组织和小集团活动，反对阳奉阴违的两面派行为和一切阴谋诡计。

《中国共产党纪律处分条例》第五十四条规定，对在党内搞团团伙伙、结党营私、拉帮结派、政治攀附、培植个人势力等非组织活动，或者通过搞利益交换、为自己营造声势等活动捞取政治资本的，给予严重警告或者撤销党内职务处分；导致本地区、本部门、本单位政治生态恶化的，给予留党察看或者开除党籍处分。

5. 坚决落实党中央决策部署

讲政治是具体的，“两个维护”要体现在坚决贯彻党中央决策部署的行动上，体现在履职尽责、做好本职工作的实效上，体现在党员、干部的日常言行上。年轻干部要坚决贯彻党中央决策部署，严守政治纪律和政治规矩，做到党中央提倡的坚决响应、党中央决定的坚决执行、党中央禁止的坚决不做。

【纪法依据】

《中华人民共和国公职人员政务处分法》第二十八条第一款第（三）项规定，对“拒不执行或者变相不执行中国共产党和国家的路线方针政策、重大决策部署的”，予以记过或者记大过；情节较重的，予以降级或者撤职；情节严重的，予以开除。

《关于新形势下党内政治生活的若干准则》规定，对党中央决策部署，任何党组织和任何党员都不准合意的执行、不合意的不执行，不准先斩后奏，更不准口是心非、阳奉阴违。属于部门和地方职权范围内的工作部署，要以贯彻党中央决策部署为前提，发挥积极性、主动性、创造性，但决不允许自行其是、各自为政，决不允许有令不行、有禁不止，决不允许搞上有政策、下有对策。

《中国共产党纪律处分条例》第五十六条第二款规定，贯彻党中央决策部署只表态不落实，或者落实党中央决策部署不坚决，打折扣、搞变通，在政治上造成不良影响或者严重后果的，给予警告或者严重警告处分；情节严重的，给予撤销党内职务、留党察看或者开除党籍处分。

6. 自觉抵制地方保护主义

地方保护主义，是指地方政府或所属部门，为了保护地方局部经济利益或政治利益，违背国家的法律法规，利用行政权力干涉市场，操纵市场，设置市场障碍，破坏市场机制，限制非本地企业生产的商品或提供的服务参与公平竞争的行为。从本质上看，地方保护主义是地方政府部门只顾局部利益，不顾国家和集体利益，在管理活动中滥用行政权力的表现。2022 年 3 月，中共中央、国务院印发《关于加快建设全国统一大市场的意见》。意见指出，要建立涉企优惠政策目录清单并及时向社会公开，及时清理废除各地区含有地方保护、市场分割、指定交易等妨碍统一市场和公平竞争的政策，全面清理歧视外资企业和外地企业、实行地方保护的各类优惠政策，对新出台政策严格开展公平竞争审查。

地方保护主义只顾局部，不顾全局；只顾地方，不顾中央；只顾眼前，不顾长远，为了保护地方局部利益，甚至无视党纪国法。对此，2023 年修订的《中国共产党纪律处分条例》第五十六条第三款针对不顾党和国家大局，搞部门或者地方保护主义问题，明确给出了处分依据。即：不顾党和国家大局，搞部门或者地方保护主义的，给予警告或者严重警告处分；情节严重的，给予撤销党内职务、留党察看或者开除党籍处分。

广大党员干部无论职位高低，都要有大局意识，善于从全局高度、用长远眼光观察形势，分析问题，善于围绕党和国家的大事认识和把握大局，自觉地在顾全大局的前提下做好本职工作，做到正确认识大局、自觉服从大局、坚决维护大局，正确处理好局部和全局、当前和长远的关系。

【纪法依据】

《中国共产党章程》规定，必须实行正确的集中，牢固树立政治意识、大局意识、核心意识、看齐意识，坚定维护以习近平同志为核心的党中央权威和集中统一领导，保证全党的团结统一和行动一致，保证党的决定得到迅速有效的贯彻执行。

《关于新形势下党内政治生活的若干准则》规定，全党必须牢固树立政治意识、大局意识、核心意识、看齐意识，自觉在思想上政治上行动上同党中央保持高度一致。党的各级组织、全体党员特别是高级干部都要向党中央看齐，向党的理论和路线方针政策看齐，向党中央决策部署看齐，做到党中央提倡的坚决响应、党中央决定的坚决执行、党中央禁止的坚决不做。

《中国共产党纪律处分条例》第五十六条第三款规定，不顾党和国家大局，搞部门或者地方保护主义的，给予警告或者严重警告处分；情节严重的，给予撤销党内职务、留党察看或者开除党籍处分。

7. 树立正确政绩观

2023 年 12 月，习近平总书记在中共中央政治局召开的专题民主生活会上强调，领导干部要树牢造福人民的政绩观。政绩观正确与否，不仅影响干部个人的健康成长，更关系党和人民事业发展。高质量发展是全面建设社会主义现代化国家的首要任务，坚持高质量发展要成为领导干部政绩观的重要内容。

我们共产党人干事业、创政绩，为的是造福人民，不是为了个人升迁得失，要坚持以人民为中心的发展思想，坚持高质量发展，反对贪大求洋、盲目蛮干；坚持出实招求实效，反对华而不实、数据造假；坚持打基础利长远，反对竭泽而渔、劳民伤财。2023 年修订的《中国共产党纪律处分条例》在总则中要求党组织和党员“切实践行正确的权力观、政绩观、事业观”，在分则政治纪律中充实党员领导干部政绩观错位，违背新发展理念、背离高质量发展要求的处分规定，将搞劳民伤财的“形象工程”、“政绩工程”行为由违反群众纪律调整到违反政治纪律，进一步充实完善各级党组织和全体党员在政治行为方面必须遵守的纪律规矩。

【纪法依据】

《中国共产党章程》第三十六条第（二）项规定，党的各级领导干部必须“具有共产主义远大理想和中国特色社会主义坚定信念，坚决执行党的基本路线和各项方针、政策，立志改革开放，献身现代化事业，在社会主义建设中艰苦创业，树立正确政绩观，做出经得起实践、人民、历史检验的实绩”。

《中国共产党纪律处分条例》第三条规定，党组织和党员必须坚守初心使命，牢固树立政治意识、大局意识、核心意识、看齐意识，始终坚定道路自信、理论自信、制度自信、文化自信，切实践行正确的权力观、政绩观、事业观，自觉遵守和维护党章，严格执行和维护党的纪律，自觉接受党的纪律约束，模范遵守国家法律法规。第五十七条规定，党员领导干部政绩观错位，违背新发展理念、背离高质量发展要求，给党、国家和人民利益造成较大损失的，给予警告或者严重警告处分；情节较重的，给予撤销党内职务或者留党察看处分；情节严重的，给予开除党籍处分。搞劳民伤财的“形象工程”、“政绩工程”的，从重或者加重处分。

8. 警惕被政治骗子利用

习近平总书记在二十届中央纪委二次全会上指出，严厉打击那些所谓“有背景”的“政治骗子”。所谓“政治骗子”，就是通过虚构“特殊身份”，把自己伪装成高级干部的亲属、朋友、身边工作人员等，或者自称系领导干部亲友、同学、秘书、智囊等特殊关系，其真实身份大多是没有正当职业、以招摇撞骗为业的骗子。他们散布“内幕消息”，以“牵线搭桥”“提拔重用”“摆案抹案”等政治利益诱惑骗取他人信任，从而达到骗权、骗钱、骗项目的目的。行骗者，骗的是信任、是权力、是金钱；受骗者，谋的是升迁、是揽权、是官威。他们狼狈为奸、各取所需，勾兑的是“政治利益”，驱动的是个人私欲。“政治骗子”大行其道、招摇撞骗，是典型的政治问题和经济问题相互交织，严重损害党的形象和声誉。作为党员，既不要结交政治骗子，也要警惕被政治骗子利用，更不能充当政治骗子，这都是违反政治纪律的行为，严重的会被开除党籍。

【纪法依据】

《中国共产党纪律处分条例》第五十五条规定，搞投机钻营，结交政治骗子或者被政治骗子利用的，给予严重警告或者撤销党内职务处分；情节严重的，给予留党察看或者开除党籍处分。充当政治骗子的，给予撤销党内职务、留党察看或者开除党籍处分。

9. 对党要忠诚老实

习近平总书记多次指出，全党同志要强化党的意识，牢记自己的第一身份是共产党员，第一职责是为党工作，做到忠诚于党，任何时候都与党同心同德。年轻干部一定要牢记对党忠诚老实。

“对党忠诚”是每名党员入党时面向党旗进行入党宣誓时的庄严承诺，是党员干部在政治上合格的基本标准，是党章规定的党员必须履行的义务，也是我们党的优良传统和作风。现实生活中，有的党员干部台上讲一套、台下做一套，当面一套、背后一套，对组织不忠诚不老实；有的在大会上说向中央看齐就要处处看齐，而自己却是说一套、做一套，弄虚作假，向中央隐瞒本地真实发展水平；有的在人前高唱理想主义，表面上装作关心群众、勤奋敬业、公道正派、倡导俭朴，在人后则推崇个人主义，严重损害群众利益、放弃职守、是非颠倒、奢靡享乐。这些行为，违背党员义务，损害党的团结和统一，损害党和人民利益，涣散党的组织，透支党的信誉，损害党的形象，危害很大，必须视情节给予相应纪律处分。

【纪法依据】

《中国共产党章程》第三条第（五）项规定，党员必须维护党的团结和统一，对党忠诚老实，言行一致，坚决反对一切派别组织和小集团活动，反对阳奉阴违的两面派行为和一切阴谋诡计。

《关于新形势下党内政治生活的若干准则》规定，党的各级组织和全体党员必须对党忠诚老实、光明磊落，说老实话、办老实事、做老实人，如实向党反映和报告情况，反对搞两面派、做“两面人”，反对弄虚作假、虚报浮夸，反对隐瞒实情、报喜不报忧。

《中国共产党纪律处分条例》第五十八条规定，对党不忠诚不老实，表里不一，阳奉阴违，欺上瞒下，搞两面派，做两面人，在政治上造成不良影响的，给予警告或者严重警告处分；情节较重的，给予撤销党内职务或者留党察看处分；情节严重的，给予开除党籍处分。

《中国共产党问责条例》第七条第（二）项规定，党组织、党的领导干部违反党章和其他党内法规，不履行或者不正确履行职责，党的政治建设抓得不实，在重大原则问题上未能同党中央保持一致，贯彻落实党的路线方针政策和执行党中央重大决策部署不力，不遵守重大事项请示报告制度，有令不行、有禁不止，阳奉阴违、欺上瞒下，团团伙伙、拉帮结派问题突出，党内政治生活不严肃不健康，党的政治建设工作责任制落实不到位，造成严重后果或者恶劣影响的，应当予以问责。

10. 维护民族团结

我国是一个统一的多民族国家，维护和发展平等团结互助和谐的社会主义民族关系，保障各少数民族的合法权利和利益，是党和国家的一贯主张。年轻干部要把握各民族共同团结奋斗、共同繁荣发展的主题，保障少数民族合法权益，帮助少数民族和民族地区发展经济、社会和文化事业。在现实生活中，年轻干部要尊重各民族的历史、信仰和风俗，自觉抵制那些煽动民族仇恨、民族歧视，挑拨民族关系的行为，抵制那些公开发表侮辱少数民族的言论，抵制那些以分裂民族团结、破坏国家统一为目的所进行的一切活动。

【纪法依据】

《中华人民共和国宪法》第四条规定，中华人民共和国各民族一律平等。国家保障各少数民族的合法的权利和利益，维护和发展各民族的平等团结互助和谐关系。禁止对任何民族的歧视和压迫，禁止破坏民族团结和制造民族分裂的行为。第五十二条规定，中华人民共和国公民有维护国家统一和全国各民族团结的义务。

《中华人民共和国公职人员政务处分法》第二十八条规定，对“挑拨、破坏民族关系，或者参加民族分裂活动”的公职人员予以处分；情节较重的，予以降级或者撤职；情节严重的，予以开除。对策划者、组织者和骨干分子，予以开除。

《中华人民共和国民族区域自治法》第九条规定，禁止对任何民族的歧视和压迫，禁止破坏民族团结和制造民族分裂的行为。

《中国共产党纪律处分条例》第六十七条规定，从事、参与挑拨破坏民族关系制造事端或者参加民族分裂活动的，对策划者、组织者和骨干分子，给予开除党籍处分。对其他参加人员，情节较轻的，给予警告或者严重警告处分；情节较重的，给予撤销党内职务或者留党察看处分；情节严重的，给予开除党籍处分。对不明真相被裹挟参加，经批评教育后确有悔改表现的，可以免予处分或者不予处分。有其他违反党和国家民族政策的行为，情节较轻的，给予警告或者严重警告处分；情节较重的，给予撤销党内职务或者留党察看处分；情节严重的，给予开除党籍处分。

《行政机关公务员处分条例》第十八条第一款第（三）项规定，公务员“违反国家的民族宗教政策，造成不良后果的”，给予处分；情节严重的，开除公职。属于不明真相被裹挟参加，经批评教育后确有悔改表现的，可以减轻或者免予处分。

11. 坚定理想信念

中国共产党成立100多年来，始终是有崇高理想和坚定信念的党。这个理想信念，就是马克思主义信仰、共产主义远大理想、中国特色社会主义共同理想。理想信念是共产党人精神上的“钙”，一旦丢了自己的理想信念，就会失去精神动力和精神纽带。年轻干部要牢记，坚定理想信念是终身课题，需要常修常炼，要信一辈子、守一辈子。年轻干部要成长，就必须用真理武装头脑，加强党性修养，筑牢信仰之基、补足精神之钙、把稳思想之舵。要把对马克思主义的信仰、对中国特色社会主义的信念作为毕生追求，在各自岗位上顽强拼搏，不断把为崇高理想奋斗的实践推向前进。

【纪法依据】

《中共中央关于加强党的政治建设的意见》规定，要坚定理想信念，牢固树立共产主义远大理想和中国特色社会主义共同理想，挺起共产党人的精神脊梁，坚决防止不信马列信鬼神、不信真理信金钱，坚决反对各种歪曲、篡改、否定马克思主义的错误思想。

《中国共产党支部工作条例（试行）》第三条（一）规定，党支部工作必须坚持以马克思列宁主义、毛泽东思想、邓小平理论、“三个代表”重要思想、科学发展观、习近平新时代中国特色社会主义思想为指导，遵守党章，加强思想理论武装，坚定理想信念，不忘初心、牢记使命，始终保持先进性和纯洁性。

《关于新形势下党内政治生活的若干准则》规定，必须高度重视思想政治建设，把坚定理想信念作为开展党内政治生活的首要任务。理想信念动摇是最危险的动摇，理想信念滑坡是最危险的滑坡。全党同志必须把对马克思主义的信仰、对社会主义和共产主义的信念作为毕生追求，在改造客观世界的同时不断改造主观世界，解决好世界观、人生观、价值观这个“总开关”问题，不断增强政治定力，自觉成为共产主义远大理想和中国特色社会主义共同理想的坚定信仰者和忠实实践者；必须坚定对中国特色社会主义的道路自信、理论自信、制度自信、文化自信。

12. 与迷信活动作斗争

迷信活动是遗留了几千年的封建残渣。对党员干部，特别是年轻干部来说，热衷迷信活动是信仰缺失、意志衰退的表现。少数党员干部不信马列信鬼神，在家设神坛，出门问凶吉，不把心思放在工作上。这样做势必导致精神涣散，影响工作，损害形象。共产党人信仰马克思主义，最根本的是要坚持彻底的唯物主义，坚持科学，做无神论者，这是关乎党员干部世界观的根本问题。选择了马克思主义信仰立场，就决定了我们党与封建迷信思想是水火不容的。党员组织、参加迷信活动或个人搞迷信活动，丧失正确信仰，放弃理论武装，助长迷信之风，与党章要求背道而驰，也容易走上腐败堕落迷途，损害党和政府形象，削弱党的执政能力，危害十分严重。《中国共产党纪律处分条例》《行政机关公务员处分条例》《中华人民共和国公职人员政务处分法》等明确把它作为禁止之列，是很有针对性的，年轻干部必须自觉遵守。

【纪法依据】

《中华人民共和国公职人员政务处分法》第四十条规定，对“参与或者支持迷信活动，造成不良影响的”公职人员予以处分；情节较重的，予以降级或者撤职；情节严重的，予以开除。

《中国共产党纪律处分条例》第七十条规定，组织迷信活动的，给予撤销党内职务或者留党察看处分；情节严重的，给予开除党籍处分。参加迷信活动或者个人搞迷信活动，造成不良影响的，给予警告或者严重警告处分；情节较重的，给予撤销党内职务或者留党察看处分；情节严重的，给予开除党籍处分。对不明真相的参加人员，经批评教育后确有悔改表现的，可以免予处分或者不予处分。

《行政机关公务员处分条例》第三十条规定，公务员“参与迷信活动，造成不良影响的”，给予处分；“组织迷信活动的”，给予处分；情节严重的，开除公职。

13. 涉外活动中必须维护国家尊严和利益

涉外活动是为国家利益服务的，直接关系党和国家的尊严和荣誉，具有很强的政治性。年轻干部不管在什么时候，在涉外活动中都应该注意维护党和国家的尊严、利益，绝不能做任何损害党和国家尊严、利益的事情，否则就要受到严厉的惩处。个别党员、干部在交往活动中，出现有损党和国家尊严和利益的行为，这是党纪国法所不允许的。在这里需要注意的是，涉外活动既包括出国、出境人员在国外、境外的活动，也包括有关单位、组织和个人在国内所进行的涉及外事和国外、境外人员的活动。

【纪法依据】

《中华人民共和国宪法》第五十四条规定，中华人民共和国公民有维护祖国的安全、荣誉和利益的义务，不得有危害祖国的安全、荣誉和利益的行为。

《中华人民共和国公职人员政务处分法》第二十八条规定，对“在对外交往中损害国家荣誉和利益”的公职人员，予以处分；情节严重的，予以开除。

《中华人民共和国公务员法》第五十九条第（十二）项规定，公务员不得在对外交往中损害国家荣誉和利益。

《中国共产党纪律处分条例》第七十三条规定，在涉外活动中，其言行在政治上造成恶劣影响，损害党和国家尊严、利益的，给予撤销党内职务或者留党察看处分；情节严重的，给予开除党籍处分。

《行政机关公务员处分条例》第十八条第一款第（五）项规定，公务员“在对外交往中损害国家荣誉和利益的”，给予处分；情节严重的，开除公职。

14. 要遵守政治纪律和政治规矩

《中国共产党纪律处分条例》通过设置纪律条款对党员进行约束，

目的是促使党员干部自觉遵守政治纪律和政治规矩。党员干部在政治上出问题，其危害不亚于腐败问题，有的甚至比腐败问题更严重，必须予以高度重视，既要对违反政治纪律和政治规矩的党员干部予以严惩，也要对履行管党治党责任不力的党员领导干部追究责任，发挥党纪处分在维护政治纪律和政治规矩方面的威慑作用，真正把政治纪律和政治规矩立起来、严起来，并通过抓住政治纪律这个纲，把严肃其他纪律带起来。将违反党的优良传统和工作惯例等党的规矩行为纳入党纪处分的范围，是党的十八大以来纪律建设的实践和制度创新。党章党规党纪，是成文的纪律规矩。这些成文的纪律规矩不可能囊括对党员干部的所有要求，不可能穷尽对党员干部言行应当规范的所有事项，还必须以不成文的规矩作为补充，使党员干部在任何时候、任何情况下都心有所畏、言有所戒、行有所止，使管党治党没有空白、不留盲区。我们党在长期实践中形成的优良传统和工作惯例等，经过实践检验，约定俗成、行之有效，需要全党长期坚持并自觉遵循。违反了这些优良传统和工作惯例，在政治上造成了不良影响，也会受到党纪惩处。

【纪法依据】

《中国共产党纪律处分条例》第七十五条规定，党员领导干部对违反政治纪律和政治规矩等错误思想和行为不报告、不抵制、不斗争，放任不管，搞无原则一团和气，造成不良影响的，给予警告或者严重警告处分；情节严重的，给予撤销党内职务或者留党察看处分。第七十六条规定，违反党的优良传统和工作惯例等党的规矩，在政治上造成不良影响或者严重后果的，给予警告或者严重警告处分；情节较重的，给予撤销党内职务或者留党察看处分；情节严重的，给予开除党籍处分。

二、组织人事方面

1. 发展党员必须把政治标准放在首位

中国共产党已发展成为拥有9800多万名党员的大党，严格把好入党关，对于永葆党的先进性和纯洁性有重大意义。发展党员，即把申请入党并具备党员条件的先进分子通过一定的组织程序吸收到党内来。这是党的建设中一项经常性的重要任务，它对于壮大党的队伍，增强党的生机和活力，提高党的战斗力，具有十分重要的意义。发展党员要严格按照党章和《中国共产党发展党员工作细则》等党内法规规定的基本原则、基本条件、必经程序和必备手续进行。凡违反规定和原则，采取弄虚作假或者其他手段，把不符合党员条件的人发展为党员的，或者为非党员出具党员身份证明的，或者违反有关规定程序发展党员的，均应当给予纪律处分。对违反规定吸收入党的，一律不予承认，并在支部大会上公布。

【纪法依据】

《中国共产党章程》第五条第一款规定，发展党员，必须把政治标准放在首位，经过党的支部，坚持个别吸收的原则。

《中国共产党纪律处分条例》第八十九条规定，对违反党章和其他党内法规的规定，采取弄虚作假或者其他手段把不符合党员条件的人发展为党员，或者为非党员出具党员身份证明和违反有关规定程序发展党员的，对直接责任者和领导责任者，给予警告或者严重警告处分；情节严重的，给予撤销党内职务处分。

2. 必须坚持民主集中制原则

《中国共产党章程》明确规定，党是根据自己的纲领和章程，按照民主集中制原则组织起来的统一整体。这就决定了民主集中制对党的建设的重要性。《中国共产党章程》明确要求，党员个人服从党的组织，少数服从多数，下级组织服从上级组织，全党各个组织和全体党员服从党的全国代表大会和中央委员会。同时，各级党委实行集体领导和个人分工负责相结合的制度，凡属重大问题都要按照集体领导、民主集中、个别酝酿、会议决定的原则。违反了这些议事规则和决策程序，就是违反了民主集中制原则。民主集中制作为正确规范党内政治生活、处理党内关系的基本准则，是反映、体现全党同志和全国人民利益和愿望，保证党的路线方针政策正确制定和执行的科学、合理、有效的制度，是党赖以存在和发展的最基本的制度保障。每一个党员领导干部都必须认真贯彻执行民主集中制，正确处理集体领导与个人分工负责的关系，决不允许独断专行、我行我素，个人擅自决定重大问题，规避集体决策，借集体决策名义集体违规。

【纪法依据】

《中华人民共和国公职人员政务处分法》第三十条规定，对“违反民主集中制原则，个人或者少数人决定重大事项，或者拒不执行、擅自改变集体作出的重大决定”的公职人员予以处分；情节严重的，予以降级或者撤职。

《关于新形势下党内政治生活的若干准则》规定，民主集中制是党的根本组织原则，是党内政治生活正常开展的重要制度保障。坚持集体领导制度，实行集体领导和个人分工负责相结合，是民主集中制的重要组成部分，必须始终坚持，任何组织和个人在任何情况下都不允许以任何理由违反这项制度。

在党的工作和活动中，该以组织名义出面不能以个人名义出面，该由集体研究不能个人擅自表态，不允许用个人主张代替党组织的主张、用个人决定代替党组织的决定。

《中国共产党纪律处分条例》第七十七条规定，对违反民主集中制原则，有“拒不执行或者擅自改变党组织作出的重大决定；违反议事规则，个人或者少数人决定重大问题；故意规避集体决策，决定重大事项、重要干部任免、重要项目安排和大额资金使用；借集体决策名义集体违规”行为之一的，给予警告或者严重警告处分；情节严重的，给予撤销党内职务或者留党察看处分。

《行政机关公务员处分条例》第十九条第（一）项规定，“负有领导责任的公务员违反议事规则，个人或者少数人决定重大事项，或者改变集体作出的重大决定的”，给予处分；情节严重的，开除公职。

3. 坚决执行上级决定

《中国共产党章程》规定：“党员个人服从党的组织，少数服从多数，下级组织服从上级组织，全党各个组织和全体党员服从党的全国代表大会和中央委员会。”这是党的民主集中制的基本原则，也是最基本的组织纪律。对党和国家的方针政策和重大工作部署决定，作为党的各级组织和行政机关必须坚决执行。拒不执行的，或者故意作出与之相违背的决定的行为，是在政治上与党离心离德的表现，是严重违反党的纪律的行为。所谓“拒不执行”，就是下级组织在上级组织明确要求其执行有关决定的情况下仍然置若罔闻，不予执行。所谓“擅自改变”，就是未经批准，违背上级决定的精神按照自己的意图去执行。上级组织作出决定之后，下级组织对于上级组织的决定有不同意见，或者认为不符合本地区、本部门的实际情况，可以向上级组织提出报告，请求上级组织予以改变，但是在上级组织坚持原决定时，下级组织必须无条件执行，同时不得公开发表不同意见或者擅自改变上级决定。党的下级组织如果对上级组织的决定阳奉阴违、消极对抗，甚至公然抵制、拒不执行，或者擅自作出变更的，都是严重违反民主集中制原则的行为，是党的纪律决不允许的。

【纪法依据】

《中华人民共和国公务员法》第十四条第（四）项规定，公务员应当忠于职守，勤勉尽责，服从和执行上级依法作出的决定和命令。第五十九条第（五）项规定，公务员不得拒绝执行上级依法作出的决定和命令。

《中华人民共和国公职人员政务处分法》第三十条规定，对“拒不执行或者变相不执行、拖延执行上级依法作出的决定、命令”的公职人员，予以处分；情节严重的，予以降级或者撤职。

《中国共产党章程》第十六条第二款规定，党的下级组织必须坚决执行上级组织的决定。下级组织如果认为上级组织的决定不符合本地区、本部门的实际情况，可以请求改变；如果上级组织坚持原决定，下级组织必须执行，并不得公开发表不同意见，但有权向再上一级组织报告。

《中国共产党纪律处分条例》第七十八条规定，对“下级党组织拒不执行或者擅自改变上级党组织决定的”直接责任者和领导责任者，给予警告或者严重警告处分；情节严重的，给予撤销党内职务或者留党察看处分。

《行政机关公务员处分条例》第十九条第（二）项规定，公务员“拒绝执行上级依法作出的决定、命令的”，给予处分；情节严重的，开除公职。

4. 警惕拉票贿选

地方各级党的代表大会、人民代表大会和政治协商会议中的选举，是一个地方政治生活中的大事，是非常庄严神圣的政治活动。拉票贿选行为的实质，是行为人的私欲膨胀，官本位思想作祟，或者是小团体利益的凸显。官场绝不是生意场，干部选拔不能待价而沽，民主选举更不是权钱交易。这种非组织活动表面上是破坏选举工作制度，实际上是破坏政权建设，损害党和国家的形象，破坏社会主义民主，违背党心民心，是对会议代表人格尊严的亵渎，必须坚决制止。

【纪法依据】

《中华人民共和国刑法》第二百五十六条规定，“在选举各级人民代表大会代表和国家机关领导人员时，以暴力、威胁、欺骗、贿赂、伪造选举文件、虚报选举票数等手段破坏选举或者妨害选民和代表自由行使选举权和被选举权，情节严重的”，依法定罪处罚。

《中华人民共和国全国人民代表大会和地方各级人民代表大会选举法》第五十八条第一款第（一）项规定，以金钱或者其他财物贿赂选民或者代表，妨害选民和代表自由行使选举权和被选举权，违反治安管理规定的，依法给予治安管理处罚；构成犯罪的，依法追究刑事责任。国家工作人员有此行为，还应当由监察机关给予政务处分或者由所在机关、单位给予处分。

《中国共产党纪律处分条例》第八十三条规定，对有“在民主推荐、民主测评、组织考察和党内选举中搞拉票、助选等非组织活动；在法律规定的投票、选举活动中违背组织原则搞非组织活动，组织、怂恿、诱使他人投票、表决；在选举中进行其他违反党章、其他党内法规和有关章程活动”行为之一的，给予警告或严重警告处分；情节较重的，给予撤销党内职务或者留党察看处分；情节严重的，给予开除党籍处分。“搞有组织的拉票贿选，或者用公款拉票贿选的，从重或者加重处分。”

《关于严肃换届纪律加强换届风气监督的通知》规定，要严明换届纪律，坚决维护换届工作严肃性。严禁拉票贿选，对通过宴请、安排消费活动，快递邮寄、电子红包、网上转账等方式赠送礼品礼金，以及打电话、发信息、当面拜访、委托他人出面等形式，在民主推荐和选举中搞拉票、串联、助选等非组织活动的，一律排除出人选名单或者取消候选人资格，并视情节轻重给予党纪政务处分，贿选的依法处理。

5. 注意服从组织调配

党员个人服从党的组织，是党的民主集中制的基本原则之一。党章规定：每个共产党员和党的干部，都必须按照党的利益高于一切的原则来处理个人问题，自觉地服从党组织对自己工作的分配、调动和安排。党员、干部拒不执行组织的分配、调动、交流等决定，不论出于何种原因，都侵害了党的组织原则，必然损害党的事业和全局利益，这是党的纪律绝对不能允许的，必须给予党纪处分。尤其是特殊时期或者紧急状况下，拒不执行党组织决定的，更会给党、国家和人民利益带来严重损害，要从严从重处分。所谓“特殊时期或者紧急状况”，主要是指造成或者可能造成严重社会危害，需要采取紧急处置措施予以应对的自然灾害、事故灾害、公共卫生事件和社会安全事件等时期或情况。在特殊时期或者紧急状况下，如果不服从组织的调动、分配，可能损害社会和人民群众的利益。因此，对这种行为的处分要重一些。

【纪法依据】

《中国共产党纪律处分条例》第七十九条规定，拒不执行党组织的分配、调动、交流等决定的，给予警告、严重警告或者撤销党内职务处分。在特殊时期或者紧急状况下，拒不执行党组织上述决定的，给予留党察看或者开除党籍处分。

《党政领导干部选拔任用工作条例》第五十一条第（六）项、第（七）项规定，干部交流由党委（党组）及其组织（人事）部门按照干部管理权限组织实施，严格把握人选的资格条件。干部个人不得自行联系交流事宜，领导干部不得指定交流人选。同一干部不宜频繁交流。交流的干部接到任职通知后，应当在党委（党组）或者组织（人事）部门限定的时间内到任。跨地区跨部门交流的，应当同时转移行政关系、工资关系和党的组织关系。第六十条第二款规定，对无正当理由拒不服从组织调动或者交流决定的，依规依纪依法予以免职或者降职使用，并视情节轻重给予处分。

《行政机关公务员处分条例》第十九条第（三）项规定，

公务员“拒不执行机关的交流决定的”，给予处分；情节严重的，开除党籍。

6. 警惕人事招录晋级考试的徇私舞弊

干部职工的录用、考核、职务晋升、职称评定和征兵、安置复转军人等工作，关系广大干部、群众的切身利益关系军队改革大局和转业安置工作的顺利进行，关系全社会的和谐稳定，必须按照党和国家的干部、人事、劳动制度和有关规定，按照公开、公平、公正的原则开展。一些党员干部受利益驱动，借工作之便或职务影响，作弊、隐瞒、歪曲事实真相，或泄露考试秘密、徇私舞弊、谋取个人利益，这些行为既有失人事、教育、职称评定等工作的公正，又破坏党和政府形象，必须严肃查处。任何党员干部都不允许徇私舞弊、假公济私，为本人及其他人谋取不正当利益，更不允许弄虚作假，骗取职务、职级、职称、待遇、资格、学历、学位、荣誉或者其他利益。否则，就会受到处分，情节严重的，会依法定罪。

⚖【纪法依据】

《中华人民共和国刑法》第四百一十八条规定，国家机关工作人员在招收公务员、学生工作中徇私舞弊，情节严重的，依法定罪处罚。

《中华人民共和国公务员法》第一百零六条第（一）、第（三）、第（五）项规定，对不按照编制限额、职数或者任职资格条件进行公务员录用、调任、转任、聘任和晋升的；对不按照规定程序进行公务员录用、调任、转任、聘任、晋升以及考核、奖惩的；对在录用、公开遴选等工作中发生泄露试题、违反考场纪律以及其他严重影响公开、公正行为的，由县级以上领导机关或者公务员主管部门按照管理权限，区别不同情况，分别予以责令纠正或者宣布无效；对负有责任的领导人员和直接责任人员，根据情节轻重，给予批评教育、责令检查、诫勉、组织调整、处分；构成犯罪的，依法追究刑事责任。

《中国共产党纪律处分条例》第八十六条规定，在干部、职工的录用、考核、职务职级晋升、职称评聘、荣誉表彰，授予学术称号和征兵、安置退役军人等工作中，隐瞒、歪曲事实真相，或者利用职权或者职务上的影响违反有关规定为本人或者其他人谋取利益的，给予警告或者严重警告处分；情节较重的，给予撤销党内职务或者留党察看处分；情节严重的，给予开除党籍处分。弄虚作假，骗取职务、职级、职称、待遇、资格、学历、学位、荣誉、称号或者其他利益的，依照前款规定处理。第一百四十五条规定，在考试、录取工作中，有泄露试题、考场舞弊、涂改考卷、违规录取等违反有关规定行为的，给予警告或者严重警告处分；情节较重的，给予撤销党内职务或者留党察看处分；情节严重的，给予开除党籍处分。

7. 警惕干部选拔任用、纪律审查、巡视巡察等工作中的跑风漏气行为

干部选拔任用工作是党组织选人用人的重要工作，纪律审查工作是党章赋予纪律检查机关的神圣职责，巡视是党内监督的利器，是全面从严治党的制度安排。这些工作是政治性、保密性很强的工作，一旦出现跑风漏气，就会造成严重后果。党组织开展这些工作时都需要严肃、严格、严谨、严密进行，不允许跑风漏气。跑风漏气的人员一

般是因工作关系能够掌握或者可能接触涉及组织关于干部选拔任用、纪律审查、巡视巡察等尚未公开事项或者其他应当保密的内容及相关资料的人员。这些岗位的工作人员若出于一己私利，把手上掌握的或者窃取得来的情况信息当筹码，用于炫耀或者要挟或者互利，将这些信息泄露、扩散出去或者被打探、窃取，或者私自留存相关资料，容易导致用人上的不正之风，或者严重危害纪律审查、巡视巡察工作正常开展，损害党的形象和威信，应当受到党纪责任追究。同时，“私自留存涉及党组织关于干部选拔任用、纪律审查、巡视巡察等方面资料”也是不允许的。

【纪法依据】

《中国共产党纪律处分条例》第一百四十四条规定，对泄露、扩散或者打探、窃取党组织关于干部选拔任用、纪律审查、巡视巡察等尚未公开事项或者其他应当保密的内容的，给予处分；情节严重的，开除党籍。对私自留存涉及党组织关于干部选拔任用、纪律审查、巡视巡察等方面资料，情节较重的，给予警告或者严重警告处分；情节严重的，给予撤销党内职务处分。

《党政领导干部选拔任用工作条例》第五十九条第（四）项规定，选拔任用党政领导干部，不准私自泄露研判、动议、民主推荐、民主测评、考察、酝酿、讨论决定干部等有关情况。

8. 注意任职回避、地域回避和公务回避

“任职回避”就是对有特定亲属关系的党政干部，在担任某些关系密切的职务方面作出限制性规定，减少人为因素对工作的干扰，保

证党政干部公正廉洁地执行公务。“地域回避”主要是指担任县（市）委书记、县（市）长职务以及县（市）纪检监察机关、组织部门、人民法院、人民检察院和公安部门主要领导职务的，一般不得在本人成长地任职。民族自治县另行规定除外。“公务回避”就是党政干部遇有涉及本人利害关系等相关情形时，为避免影响正当履行公务而进行的回避。规定任职回避，是因为亲属之间在法律和道义上具有一定的权利和义务，在家庭中表现为相互抚养，在一般事务上表现为比他人更为紧密的合作和支持，在工作和事业上往往表现为互相提携、互相支持。年轻干部要按照规定进行回避，防止因私情影响公正执行公务。

【纪法依据】

《中华人民共和国公务员法》第七十五条规定，公务员担任乡级机关、县级机关、设区的市级机关及其有关部门主要领导职务的，应当按照有关规定实行地域回避。第七十六条规定，如有“涉及本人利害关系”，“涉及与本人有夫妻关系、直系血亲关系、三代以内旁系血亲关系以及近姻亲关系”“其他可能影响公正执行公务的”情况，公务员执行公务时，应当回避。第七十七条规定，公务员有应当回避情形的，本人应当申请回避；利害关系人有权申请公务员回避。其他人员可以向机关提供公务员需要回避的情况。机关根据公务员本人或者利害关系人的申请，经审查后作出是否回避的决定，也可以不经申请直接作出回避决定。

《中华人民共和国公职人员政务处分法》第四十七条规定，参与公职人员违法案件调查、处理的人员如果存在“是被调查人或者检举人的近亲属的，担任过本案的证人的，本人或者其近亲属与调查的案件有利害关系的，可能影响案件公正调查、处理的其他情形的”等，应当自行回避，被调查人、检举人及其他有关人员也有权要求其回避。

《党政领导干部选拔任用工作条例》第五十三条规定，实行党政领导干部选拔任用工作回避制度。党委（党组）及其组织（人事）部门讨论干部任免，涉及与会人员本人及其亲属的，本人必须回避。干部考察组成员在干部考察工作中涉及其亲属的，本人必须回避。

9. 注意如实向组织请示报告重大事项和个人有关事项

请示报告制度是各级党组织和党员把情况向上级党组织和所在组织进行事前请示或者事后报告的制度，是我们党的一项重要组织制度，是执行民主集中制的有效工作机制，也是政治纪律的一个重要方面。不严格执行请示报告制度，表面上看是小事，背后往往隐藏着严重问题。对党忠诚老实是党章规定的党员必须履行的义务，是检验党性原则是否坚定、政治修养是否过硬的试金石。党员干部要有组织观念、程序观念，遇到重大事项和个人有关事项必须请示报告。决不能我行我素，决不能对重大事项和个人有关事项想报告就报告、不想报告就不报告，决不能遮遮掩掩，甚至隐瞒不报。党员领导干部必须强化组织观念，涉及工作和生活中的重大事项和个人有关事项必须按规定向组织请示报告。对无正当理由不如实报告或隐瞒不报的，必须严肃追究党纪责任。

这里需要说明的是，党员应当向党组织报告下列事项：（1）贯彻执行党组织决议以及完成党组织交办工作任务情况；（2）对党的工作和领导干部的意见建议；（3）发现党员、领导干部违纪违法线索情况；（4）流动外出情况；（5）其他应当向党组织报告的事项。领导干部应当向党组织报告下列事项：（1）学习贯彻习近平新时代中国特色社会主义思想，贯彻落实党中央决策部署和党组织决定中的重要情况和问题；（2）遵守政治纪律和政治规矩，坚决维护习近平总书记党中央的核心、全党的核心地位，坚决维护党中央权威和集中统一领导情况；（3）坚持民主集中制，发扬党内民主，正确行使权力，参与集体领导情况；（4）参加领导班子民主生活会和所在党支部（党小组）组织生活会情况；（5）履行管党治党责任，加强党风廉政建设和反腐败工作以及遵守廉洁纪律情况；（6）重大决策失误或者应对突发事件处置失当，纪检监察、巡视巡察和审计中发现重要问题，以及违纪违法情况；（7）可能影响正常履职的重大疾病等情况；（8）其他应当向党组织报告的事项。

【纪法依据】

《中华人民共和国公职人员政务处分法》第二十九条第二款规定，违反个人有关事项报告规定，隐瞒不报，情节较重的，予以警告、记过或者记大过。

《关于新形势下党内政治生活的若干准则》规定，全党必须严格执行重大问题请示报告制度。

《中国共产党纪律处分条例》第六十一条规定，不按照有关规定向组织请示、报告重大事项，对直接责任者和领导责任者，情节较重的，给予警告或者严重警告处分；情节严重的，给予撤销党内职务或者留党察看处分。第八十一条规定，有下列行为之一，情节较重的，给予警告或者严重警告处分：（一）违反个人有关事项报告规定，隐瞒不报；（二）在组织进行谈话函询时，不如实向组织说明问题；（三）不按要求报告或者不如实报告个人去向；（四）不如实填报个人档案资料。有前款第二项规定的行为，同时向组织提供虚假情况、掩盖事实的，依照本条例第六十三条规定处理。篡改、伪造个人档案资料的，给予严重警告处分；情节严重的，给予撤销党内职务或者留党察看处分。隐瞒入党前严重错误的，一般应当予以除名；对入党多年且一贯表现好，或者在工作中作出突出贡献的，给予严重警告、撤销党内职务或者留党察看处分。

三、廉洁方面

1. 公务接待必须符合规定

违规公务接待，浪费国家资财，是违反中央八项规定精神、违规公款吃喝的典型问题之一，不仅侵害国家和集体的财务管理制度，更严重的是背离党的艰苦奋斗的优良传统和作风，损害党同人民群众的密切联系。党的十八大以来，先后出台了《党政机关厉行节约反对浪费条例》《党政机关国内公务接待管理规定》《中华人民共和国反食品浪费法》等一系列法规制度，明确公务接待“底线”、划出公务接待“红线”。

公务接待是考察调研、执行任务、学习交流、检查指导、巡视巡察、督查、请示汇报等公务活动正常开展的必要保障，是落实中央八项规定精神的重要领域之一，必须坚持厉行节约、反对浪费。《党政机关国内公务接待管理规定》等相关党规党纪对公务接待安排的迎送方式、陪同人数、活动场所、活动项目和活动方式、住宿、用餐以及出行活动的标准范围都有明确规定。接待单位和接待对象要准确把握党中央关于过紧日子的有关要求，严格、正确执行公务接待有关规定。

【纪法依据】

《中华人民共和国公职人员政务处分法》第三十五条规定，“违反规定，在公务接待、公务交通、会议活动、办公用房以及其他工作生活保障等方面超标准、超范围的”，情节较重的，予以警告、记过或者记大过；情节严重的，予以降级或者撤职。

《中国共产党纪律处分条例》第一百一十六条规定，违反接待管理规定，超标准、超范围接待或者借机大吃大喝，对直接责任者和领导责任者，情节较重的，给予警告或者严重警告处分；情节严重的，给予撤销党内职务处分。

《关于厉行节约反对食品浪费的意见》规定，对违反公务接待规定、用公款相互宴请等行为，要依纪依法追究相关人员责任，对负有领导责任的主要负责人或有关领导实行问责。

《党政机关国内公务接待管理规定》第五条规定，禁止异地部门间没有特别需要的一般性学习交流、考察调研，禁止重复性考察，禁止以各种名义和方式变相旅游，禁止违反规定到风景名胜区举办会议和活动。第六条规定，接待单位应当严格控制国内公务接待范围，不得用公款报销或者支付应由个人负担的费用。国家工作人员不得要求将休假、探亲、旅游等活动纳入国内公务接待范围。第八条规定，国内公务接待不得在机场、车站、码头和辖区边界组织迎送活动，不得跨地区迎送，不得张贴悬挂标语横幅，不得安排群众迎送，不得铺设迎宾地毯；地区、部门主要负责人不得参加迎送。严格控制陪同人数，不得层层多人陪同。接待单位安排的活动场所、活动项目和活动方式，应当有利于公务活动开展。安排外出考察调研的，应当深入基层、深入群众，不得走过场、搞形式主义。第十六条规定，接待单位不得超标准接待，不得组织旅游和与公务活动无关的参观，不得组织到营业性娱乐、健身场所活动，不得安排专场文艺演出，不得以任何名义赠送礼金、有价证券、纪念品和土特产品等。第二十三条规定，严禁扩大接待范围、增加接待项目，严禁以招商引资为名变相安排公务接待。

《党政机关厉行节约反对浪费条例》第二十条规定，党政机关应当建立公务接待审批控制制度，对无公函的公务活动不予接待，严禁将非公务活动纳入接待范围。第二十一条规定，接待单位应当严格按标准安排接待对象的住宿用房，协助安排用餐的按标准收取餐费，不得在接待费中列支应当由接待对象承担的费用，不得以举办会议、培训等名义列支、转移、隐匿接待费开支。

2. 坚决抵制收送礼品礼金

违规收送礼品礼金问题积习甚深、顽固复杂，“礼尚往来”的幌子背后，隐藏的是“利尚往来”、权钱交易的本质，是滋生腐败、污染政治生态的“四风”典型问题，年轻干部一定要树立正确的世界观、人生观、价值观，不允许违规收送礼品礼金。违规收送礼品礼金问题主要有三类突出表现：一是违规公款购买赠送礼品礼金。一些部门、单位以虚列支出套取公款、违规收费等方式获取资金，购买赠送礼品礼金；一些国有企事业单位以收入不入账、虚列项目或超范围使用营销费用等方式，购买赠送礼品礼金。二是收受可能影响公正执行公务的礼品礼金，且收受的大多是私营企业或个人等管理和服务对象赠送的礼品礼金。三是向从事公务的人员及其配偶、子女及其配偶等亲属和其他特定关系人赠送明显超出礼尚往来的礼品礼金。

需要注意的是，党员干部在日常生活中收受同事、同学、同乡、朋友等非管理和服务对象赠送的礼品礼金等，即便与执行公务无关，但如果“明显超出正常礼尚往来”，也会被认定为违纪行为。所以，一定要拒绝“明显超出正常礼尚往来”的礼品。“明显超出正常礼尚往来”的礼品一般是在礼节上明显超出正常的有来有往、往来相当，价值明显超出当地正常经济水平、风俗习惯、个人经济能力的。如果与送礼者存在身份、职务等特殊关系时就更要提高警惕，该拒绝的一定要拒绝。逢年过节，机关之间也不能以节礼交换。机关之间赠送贺年卡、烟花爆竹、烟酒、花卉、食品等不再是过年过节互相表示的小意思，而是违纪行为。

⚖【纪法依据】

《中国共产党纪律处分条例》第一百一十三条规定，违反有关规定组织、参加用公款支付的宴请、娱乐、健身活动，或者用公款购买赠送或者发放礼品、消费卡（券）等，对直接责任者和领导责任者，情节较轻的，给予警告或者严重警告处分；情节较重的，给予撤销党内职务或者留党察看处分；情节严重的，给予开除党籍处分。

《关于严禁元旦春节期间公款购买赠送烟花爆竹等年货节礼的通知》规定，严禁用公款购买赠送烟花爆竹、烟酒、花卉、食品等年货节礼（慰问困难群众职工不在此限）。要严肃财经纪律，强化审计监督，相关费用不准转嫁摊派，一律不予公款报销。

《关于严禁公款购买印制寄送贺年卡等物品的通知》规定，严禁用公款购买、印制、邮寄、赠送贺年卡、明信片、年历等物品。涉及外事、港澳台事务、侨务等工作需要不在此限，但也要提倡节俭。要严肃财经纪律，强化审计监督，相关费用不准转嫁摊派，一律不予公款报销。

《关于落实中央八项规定精神坚决刹住中秋国庆期间公款送礼等不正之风的通知》规定，严禁用公款送月饼送节礼；严禁用公款大吃大喝或安排与公务无关的宴请；严禁用公款安排旅游、健身和高消费娱乐活动；严禁以各种名义突击花钱和滥发津贴、补贴、奖金、实物。

3. 在公务交往活动中正确处理礼品

在交往活动中，有时免不了会互赠礼品。但是，需要明白的是，什么样的情况下对什么对象可以送礼品，应送些什么样的礼品；什么样的情况下可以接受对方的礼品，接受礼品后哪些需要登记上交，哪些可以归本人或本单位处理。对此，《国务院关于在对外公务活动中赠送和接受礼品的规定》《关于对党和国家机关工作人员在国内交往中收受礼品实行登记制度的规定》都有详细规定。这些规定对于规范对内、对外公务活动、严肃外事纪律、保持党和国家工作人员廉洁奉公、树立党和国家良好形象，具有重要意义。对因各种原因未能拒收的礼品礼金，应按规定在收受礼品之日起一个月内登记上交。

【纪法依据】

《中华人民共和国刑法》第三百九十四条规定，"国家工作人员在国内公务活动或者对外交往中接受礼物，依照国家规定应当交公而不交公，数额较大的"，依法定罪处罚。

《关于对党和国家机关工作人员在国内交往中收受礼品实行登记制度的规定》第二条规定，党和国家机关工作人员在国内交往中，不得收受可能影响公正执行公务的礼品馈赠，因各种原因未能拒收的礼品，必须登记上交。

《国务院关于在对外公务活动中赠送和接受礼品的规定》第七条规定，在对外公务活动中，对方赠送礼金、有价证券时，应当予以谢绝；确实难以谢绝的，所收礼金、有价证券必须一律上缴国库。第八条规定，在对外公务活动中，不得私相授受礼品，不得以明示或者暗示的方式索取礼品。

4．坚决杜绝用公款旅游

以各种形式的公务活动为名变相公款旅游或利用公务外出机会公款旅游，不仅挥霍浪费公款，还影响公务活动严肃性，严重违反中央八项规定精神，助长了社会不良风气，败坏党风政风、损害党和政府形象。当前，公款旅游的主要表现为：有的直接使用公款或虚列支出套取公款、由下属单位或国有企事业单位等支付费用旅游；有的以学习培训、考察调研、职工疗养、招商参展等为名变相公款旅游；有的借公务外出之机改变行程借机旅游；有的借参加下属单位、国有企事业单位组织的考察活动之机旅游。公款旅游侵害职务行为的廉洁性。

需要注意的是，利用职权或者职务上的影响协调减免旅游费用，虽然没有直接花费钱款，但本质上利用了公共权力或公共资源，也同样属于违纪行为，会受到相应处理。这种利用职权或者职务上的影响协调减免门票等旅游费用的行为，还分几种情况：如果协调国有和国有控股景区单位减少或免除费用旅游的，属于公款旅游，而且具有隐形变异情节；如果协调私营景区景点减少或免除费用旅游的，可能构成接受可能影响公正执行公务的旅游安排，会受到严肃处理。

【纪法依据】

《中国共产党纪律处分条例》第一百一十五条规定，有下列行为之一，对直接责任者和领导责任者，情节较轻的，给予警告或者严重警告处分；情节较重的，给予撤销党内职务或者留党察看处分；情节严重的，给予开除党籍处分：（一）公款旅游或者以学习培训、考察调研、职工疗养等为名变相公款旅游；（二）改变公务行程，借机旅游；（三）参加所管理企业、下属单位组织的考察活动，借机旅游。以考察、学习、培训、研讨、招商、参展等名义变相用公款出国（境）旅游的，对直接责任者和领导责任者，依照前款规定处理。

《党政机关厉行节约反对浪费条例》第三十二条规定，严禁以培训名义进行公款宴请、公款旅游活动。

5. 自觉抵制借公务差旅谋取私利

在一些个别地方和单位，由于对公务差旅管理不够严格，公务差旅经费开支大，差旅人员借机敛财、花天酒地、游山玩水的现象较为普遍，也给接待单位增加了负担。相关党规党纪出狠招整治歪风，措施具体有力。既有对派差单位的要求，也有对接待单位的要求，更有对接待对象的要求。贯彻相关法规精神，必须把握如下几个原则：一是所有差旅活动要经过批准，防止无实质内容、无明确公务目的的差旅活动。二是控制差旅费支出规模，包括差旅人数和天数。三是差旅人员要自律，严格按规定乘坐交通工具、住宿、就餐，按规定交纳住宿费、餐费。对当地接待部门不能提非分要求，不得接受当地的违规接待，不得借机游山玩水和花天酒地，不得接受礼金、礼品和土特产品等。四是接待要规范，接待单位一律凭公函接待，不得给差旅人员安排正常公务以外的活动。五是严格审查杜绝违规超支和虚报冒领差旅费现象，不得向下级单位、企业或其他单位转嫁差旅活动费用。

尤其要注意的是，在公务差旅活动中，接待对象主动要求接待单位提供旅游活动安排或者利用职权或职务上的影响协调减免旅游费用的，会被追究违规旅游的责任。如果是接待单位主动提供旅游安排或者利用职权或职务上的影响协调减免旅游费用的，会被重点追究超标准超范围接待的责任，同时，还会视情追究接待对象责任。

出差人员乘坐交通工具等级表

级别＼交通工具	火车（含高铁、动车、全列软席列车）	轮船（不包括旅游船）	飞机	其他交通工具（不包括出租小汽车）
部级及相当职务人员	火车软席（软座、软卧），高铁/动车商务座，全列软席列车一等软座	一等舱	头等舱	凭据报销
司局级及相当职务人员	火车软席（软座，软卧），高铁/动车一等座，全列软席列车一等软座	二等舱	经济舱	凭据报销
其余人员	火车硬席（硬座、硬卧），高铁/动车二等座，全列软席列车二等软座	三等舱	经济舱	凭据报销

【纪法依据】

《党政机关厉行节约反对浪费条例》第十三条规定，严禁无明确公务目的的差旅活动，严禁以公务差旅为名变相旅游，严禁异地部门间无实质内容的学习交流和考察调研。第十四条规定，国内差旅人员应当严格按规定乘坐交通工具、住宿、就餐，费用由所在单位承担。差旅人员住宿、就餐由接待单位协助安排的，必须按标准交纳住宿费、餐费。差旅人员不得向接待单位提出正常公务活动以外的要求，不得接受礼金、礼品和土特产品等。

《中央和国家机关差旅费管理办法》第二十二条规定，出差人员应当严格按规定开支差旅费，费用由所在单位承担，不得向下级单位、企业或其他单位转嫁。第二十八条规定，出差人员不得向接待单位提出正常公务活动以外的要求，不得在出差期间接受违反规定用公款支付的宴请、游览和非工作需要的参观，不得接受礼品、礼金和土特产品等。第二十九条规定，对“单位无出差审批制度或出差审批控制不严的，虚报冒领差旅费的，擅自扩大差旅费开支范围和提高开支标准的，不按规定报销差旅费的，转嫁差旅费的”，依法依规追究相关单位和人员的责任。

6. 按要求配备和使用公务用车

公务交通工具是党政机关和国有企业、事业单位用公款购买并用于公务活动的交通工具。党和国家对配备使用公务交通工具的数量和标准都有严格的规范和限制。凡是违规配备、购买、更换、装饰、使用公务交通工具的，不仅违反了中央八项规定精神，还是享乐主义和奢靡之风的表现，更是对公共资源的挥霍浪费，应当受到党纪责任追究，情节较重的，还会给予党纪处分。

国家实行公务用车改革，大幅减少公务用车，只保留极少数执法执勤用车和按规定配备的其他用车，抓住了问题的症结。应该说，公车改革之后，公车私用等违规现象已大为减少，但是，党政机关仍需注意的是:（1）不得以特殊用途变相超编制、超标准配备公车，擅自扩大公车配备范围的，该处理的公车要坚决处理。（2）不得以任何方式换用、借用、占用下属单位或其他单位和个人的车辆。（3）不得接受企事业单位和个人赠送的车辆。（4）不得挪用执法执勤、机要通信等公务用车。（5）不得对公务用车进行豪华装修。（6）不得以公务交通补贴名义变相发放福利。（7）不得因领导干部职务晋升、调任等原因提前更新公务用车。（8）严格管理公车，不能随便使用公车，领导干部的亲属和身边工作人员不得因私使用配备给领导干部的公务用车。国有企业领导人员购买使用小汽车方面的要求，与对党政机关及事业单位领导干部的要求总的来讲是一致的。国有企业领导人员同样应当大力发扬艰苦奋斗的作风，厉行节约，反对讲究排场、铺张浪费的行为。不能以“为了企业形象”为借口违规购买和使用公务用车。

【纪法依据】

《中国共产党纪律处分条例》第一百一十七条规定，违反有关规定配备、购买、更换、装饰、使用公务交通工具或者有其他违反公务交通工具管理规定的行为，对直接责任者和领导责任者，情节较重的，给予警告或者严重警告处分；情节严重的，给予撤销党内职务或者留党察看处分。

《党政机关厉行节约反对浪费条例》第二十五条规定，取消一般公务用车，保留必要的执法执勤、机要通信、应急和特种专业技术用车及按规定配备的其他车辆。第二十六条规定，党政机关应当从严配备实行定向化保障的公务用车，不得以特殊用途等理由变相超编制、超标准配备公务用车，不得以任何方式换用、借用、占用下属单位或者其他单位和个人的车辆，不得接受企事业单位和个人赠送的车辆。严格按规定配备专车，不得擅自扩大专车配备范围或者变相配备专车。第二十九条规定，严禁以任何理由挪用或者固定给个人使用执法执勤、机要通信等公务用车，领导干部亲属和身边工作人员不得因私使用配备给领导干部的公务用车。

《党政机关公务用车管理办法》第十四条规定，越野车不得作为领导干部固定用车。第二十六条规定，党政机关有下列情形之一的，依纪依法追究相关人员责任：（一）超编制、超标准配备公务用车的；（二）违反规定将公务用车登记在下属单位、企业或者个人名下的；（三）公车私用、私车公养，或者既领取公务交通补贴又违规使用公务用车的；（四）换用、借用、占用下属单位或者其他单位和个人的车辆，或者擅自接受企事业单位和个人赠送车辆的；（五）挪用或者固定给个人使用执法执勤、机要通信等公务用车的；（六）为公务用车增加高档配置或者豪华内饰的；（七）在车辆维修等费用中虚列名目或者夹带其他费用，为非本单位车辆报销运行维护费用的；（八）违规处置公务用车的；（九）有其他违反公务用车配备使用管理规定行为的。

7. 自觉抵制权色交易和钱色交易

权色交易、钱色交易往往具有利用职权或者职务上的影响为对方谋利而与之交易的情节，侵犯了党员干部职务行为的廉洁性，都是权力与色欲、情感、信息等非物质形态的复杂交易，是权力期值的持续体现，是一种典型的隐性腐败现象。无论是搞权色交易还是钱色交易，归根结底都是美色看上了党员干部手中的职权，这些职权才是交易的标的。而职权一旦和美色“联姻”，再也难以保持其清正干净的本色。对这些行为，更需要严明执纪，从严惩处，这既是对权力滥用的制约，也是对社会风气的净化。

尤其要注意区分权色交易、钱色交易行为与嫖娼行为。嫖娼行为是发生在不特定主体之间的违法行为，属于违反治安管理处罚法的行为，执纪时按照《中国共产党纪律处分条例》总则中纪法衔接条款处理；权色交易、钱色交易行为是发生在特定主体之间的，为谋取一定的利益而进行的交易行为。

【纪法依据】

《中国共产党纪律处分条例》第一百二十条规定，搞权色交易或者给予财物搞钱色交易的，给予警告或者严重警告处分；情节较重的，给予撤销党内职务或者留党察看处分；

情节严重的，给予开除党籍处分。

8. 坚决拒绝受贿

受贿最容易发生在有权力的党员干部、公职人员群体中。受贿可分索贿和受贿两种形式。主动向他人索要财物的为索贿；收受他人财物并为他人谋取利益的为受贿。同时具备收受他人财物和为他人谋取利益两方面要件，才构成收受贿赂行为。“为他人谋取利益”包括三种情形：（1）收受他人财物时，承诺为他人谋取利益，在特定的环境里明示和默许都算承诺，即“答应为他人办事”；（2）已经着手为他人谋取利益，但还没有谋取到利益，即“未办成事”；（3）已经为他人谋取到了利益，即“办成事”。无论是“答应办事”，或是“正在办事”，还是“已经办成事”，只要收受了人家的好处，都算受贿。至于为人家办的事，即为他人谋取的利益，既可以是不正当利益，也可以是正当利益；既可以是物质利益，也可以是非物质性利益。

有时收受回扣、手续费也构成受贿，但必须具备四个条件：一是收受者是国家工作人员或其他公职人员；二是在经济往来中；三是违反了国家有关规定；四是所收受的回扣、手续费归个人所有。利用本人职权或地位形成的便利条件，既包括受贿人的职权，也包括受贿人利用自己的职权地位及影响为“办事”所找的其他关系人。时间上，既包括领导干部在位时，也包括离、退休后。

【纪法依据】

《中华人民共和国刑法》第三百八十五条规定，国家工作人员利用职务上的便利，索取他人财物的，或者非法收受他人财物，为他人谋取利益的，是受贿罪。国家工作人员在经济往来中，违反国家规定，收受各种名义的回扣、手续费，归个人所有的，以受贿论处。第三百八十八条规定，国家工作人员利用本人职权或者地位形成的便利条件，通过其他国家工作人员职务上的行为，为请托人谋取不正当利益，索取请托人财物或者收受请托人财物的，以受贿论处。

《中国共产党纪律处分条例》第二十九条规定，党组织在纪律审查中发现党员有贪污贿赂、滥用职权、玩忽职守、权力寻租、利益输送、徇私舞弊、浪费国家资财等违反法律涉嫌犯罪行为的，应当给予撤销党内职务、留党察看或者开除党籍处分。

9. 坚决拒绝单位受贿

单位主要指国家机关、国有公司、企业、事业单位、人民团体。单位受贿主观方面属于故意，是经单位领导机构决策，代表单位的整体意志；客观方面表现为利用职权索取、非法收受他人财物，为他人谋取利益，情节严重的行为。“利用职权”是指利用单位职责范围内的权限，是否为他人谋取到利益，不影响本罪的构成。这里，只有情节严重才构成单位受贿罪。国家机关、国有公司、企业、事业单位、人民团体在经济往来中，在账外暗中收受各种名义的回扣、手续费的，以单位受贿罪追究刑事责任。

现实生活中，人们对单位受贿及其危害性的认识相对淡薄，有的甚至认为单位受贿中索取或非法收受的财物没有装进个人的口袋，为的是该团体的利益，不会造成什么大的影响，可以不追究责任。其实，单位受贿侵害的同样是党和国家公务活动的廉洁性。单位受贿的后果是单位得到了利益，却破坏了国家整体利益，破坏了国家经济秩序。《中国共产党纪律处分条例》对集体违纪处理也专门作了规定，党组织集体违纪的主体是领导机构。集体违纪包括集体故意违纪和集体过失违纪两种情况。集体故意违纪的，领导机构中具有共同故意的成员，应按共同违纪处理。对集体过失违纪的成员，按照各自在集体违纪中所起的作用和应负的责任分别处分。如果是个人违反民主集中制的原则，擅自作出错误决定，则不能追究集体责任，只能按照个人违纪处理。对于在领导机构作出错误决定或者实施错误行为时，没有参与或者表示反对的，不能视为集体违纪人员。

追究单位受贿的责任，主要是追究该单位的主要责任者和直接责任人员的责任。如果是将受贿所得的财物合伙私分，则按个人受贿处理。需要注意的是，虽然这里讲的是单位受贿，但是单位受贿也是由具体的个人执行的，所以年轻干部要对这个违纪行为有清醒的认识，绝不能认为财物没有装进个人的口袋就不会被追究责任。

【纪法依据】

《中华人民共和国刑法》第三百八十七条第一款规定，“国家机关、国有公司、企业、事业单位、人民团体，索取、非法收受他人财物，为他人谋取利益，情节严重的”，对单位判处罚金，并对其直接负责的主管人员和其他直接责任人员，处三年以下有期徒刑或者拘役；情节特别严重的，处三年以上十年以下有期徒刑。

《中国共产党纪律处分条例》第二十七条规定，党组织领导机构集体作出违犯党纪的决定或者实施其他违犯党纪的行为，对具有共同故意的成员，按共同违纪处理；对过失违纪的成员，按照各自在集体违纪中所起的作用和应负的责任分别给予处分。

四、群众关系方面

1. 积极解决事关群众切身利益的问题

现在，涉及群众生产、生活等切身利益的问题很多，各级组织特别是基层组织确有不及时解决的，其原因多为不负责任，工作不作为，存在形式主义、官僚主义，不把群众的事放在心上，甚至有一部分干部是管卡压要好处的。一些干部平时为人民服务的口号喊得震天响，实际工作时却无动于衷。“涉及群众生产、生活等切身利益的问题”主要包括企业改制、土地征用、城镇拆迁、食品药品质量、安全生产、环境保护等群体性问题。

年轻干部要不断提升服务群众工作能力，不断增强解决问题能力，提高办事效率，与群众打成一片。要建立群众反映的、需要解决的“问题清单”，及时回应群众关切。要紧盯群众问题，力戒形式主义、官僚主义，精准查摆问题，在群众“急难愁盼”问题处发力，站在群众角度思考问题，寻求最优破题思路。

【纪法依据】

《中国共产党纪律处分条例》第一百二十六条第（一）（四）（五）项规定，“对涉及群众生产、生活等切身利益的问题依照政策或者有关规定能解决而不及时解决，庸懒无为、效率低下，造成不良影响”“弄虚作假，欺上瞒下，损害群众利益”“有其他不作为、乱作为、慢作为、假作为等损害群众利益行为”，对直接责任者和领导责任者，情节较重的，给予警告或者严重警告处分；情节严重的，给予撤销党内职务或者留党察看处分。

2. 对群众必须按规定公平办事

社会保障、政策扶持、扶贫脱贫、救灾救济款物分配等事项是解决民生问题的重要内容，涉及广大群众切身利益，理应按照民主决策程序执行。但是，在相关政策具体执行过程中，有两种行为可能侵害群众利益：（1）一些从事社会保障、政策扶持、扶贫脱贫、救灾救济款物等事项分配的党员在执行公务过程中，不按照民主决策程序办理，不能正确处理亲属、朋友与群众的关系，厚此薄彼，侵害群众利益；（2）不按照规定标准执行，使不该享受的人员享受了相关的待遇，应该享受的人员享受不到或者比规定的标准享受得低，明显不公平、不公正。这些行为不但损害了广大群众的利益，也破坏党群干群关系，会受到相应的党纪处分。从事社会保障、政策扶持、扶贫脱贫、救灾救济款物等事项分配的年轻干部一定要正确处理亲属、朋友与群众的关系，公正执行公务。

⚖【纪法依据】

《中国共产党纪律处分条例》第一百二十四条规定，在社会保障、社会救助、政策扶持、救灾救济款物分配等事项中优亲厚友、明显有失公平的，给予警告或者严重警告处分；情节较重的，给予撤销党内职务或者留党察看处分；情节严重的，给予开除党籍处分。

《农村基层干部廉洁履行职责若干规定（试行）》第三条第（三）项规定，不准在社会保障、政策扶持、救灾救济款物分配等事项中违规办事、显失公平。第五条第（三）项规定，不准在政府拨付和接受社会捐赠的各类救灾救助、补贴补助资金、物资以及退耕还林退牧还草款物、征地补偿费使用分配发放等方面违规操作、挪用、侵占，或者弄虚作假、优亲厚友。

3. 保障群众知情权

信息不透明是谣言的温床，信息的公开和透明是从根源上消除谣言的重要方式。所以，该公开的一定要公开，保障群众的知情权。同时，人民群众参与公共决策、关心维护自身权益的积极性增强，对政府发布信息的广度、深度提出了更高要求。党的二十大报告指出，“坚持人民主体地位，充分体现人民意志、保障人民权益、激发人民创造活力”。实行党务、政务、厂务、村（居）务等事务公开，把权力放在阳光之下，置于群众监督之中，使人们了解权力运行的规定，看清权力运行的程序和结果，切实保障人民群众的知情权、参与权、表达权、监督权，对于推进基层民主建设，密切党群、干群关系，巩固党的执政基础和执政地位，具有重要的意义。现实中，有些地方和部门单位，或工作粗枝大叶，或个中有猫腻，或干部私心作祟，不敢让群众知晓相关情况，把群众必须知道的一些事项隐藏起来。这是违纪行为，其侵害的是群众的民主权利。除了党务、政务、厂务、村（居）务外，还存在学校校务公开、医院医务公开等事务公开制度，均有相应的规范性文件对其内容、形式进行规范。如果不按规定公开，均属于侵犯群众知情权，都会被追究党纪政务责任。

【纪法依据】

《中华人民共和国公职人员政务处分法》第三十八条规定，“不按照规定公开工作信息，侵犯管理服务对象知情权，造成不良后果或者影响的”，情节较重的，予以处分；情节严重的，予以降级或者撤职。

《中国共产党纪律处分条例》第一百二十八条规定，不按照规定公开党务、政务、厂务、村（居）务等，侵犯群众知情权，对直接责任者和领导责任者，情节较重的，给予警告或者严重警告处分；情节严重的，给予撤销党内职务或者留党察看处分。

4. 维护他人劳动保护权利

随着社会的发展，公民的劳动保护权利已有法律规定作保障。作为党员、干部不能侵犯他人劳动保护的权利。常见的侵犯他人劳动保护权利的现象有：用人单位违反劳动法规定，延长劳动者工作时间；克扣或者无故拖欠劳动者工资；拒不支付劳动者延长工作时间工资报酬；低于当地最低工资标准支付劳动者工资；解除劳动合同后，未依照劳动法规定给予劳动者经济补偿；用人单位的劳动安全设施和劳动卫生条件不符合国家规定或者未向劳动者提供必要的劳动防护用品和劳动保护设施；用人单位强令劳动者违章冒险作业；用人单位非法招用未满十六周岁的未成年人；违反劳动法对女职工和未成年工的保护规定，侵害其合法权益等。这些行为，轻则违纪，重则违法。

【纪法依据】

《中华人民共和国刑法》第二百四十四条、第二百四十四条之一规定，“以暴力、威胁或者限制人身自由的方法强迫他人劳动”，或者“违反劳动管理法规，雇用未满十六周岁的未成年人从事超强度体力劳动的，或者从事高空、井下作业的，或者在爆炸性、易燃性、放射性、毒害性等危险环境下从事劳动”的，依法定罪处罚。

《中华人民共和国宪法》第四十二条规定，中华人民共和国公民有劳动的权利和义务。国家通过各种途径，创造劳动就业条件，加强劳动保护，改善劳动条件，并在发展生产的基础上，提高劳动报酬和福利待遇。第四十三条规定，中华人民共和国劳动者有休息的权利。

《中华人民共和国劳动法》第九十二条规定，用人单位的劳动安全设施和劳动卫生条件不符合国家规定或者未向劳动者提供必要的劳动防护用品和劳动保护设施的，由劳动行政部门或者有关部门责令改正，可以处以罚款；情节严重的，提请县级以上人民政府决定责令停产整顿；对事故隐患不采取措施，致使发生重大事故，造成劳动者生命和财产损失的，对责任人员依照刑法有关规定追究刑事责任。第九十四条规定，用人单位非法招用未满十六周岁的未成年人的，由劳动行政部门责令改正，处以罚款；情节严重的，由市场监督管理部门吊销营业执照。第九十五条规定，用人单位违反本法对女职工和未成年工的保护规定，侵害其合法权益的，由劳动行政部门责令改正，处以罚款；对女职工或者未成年工造成损害的，应当承担赔偿责任。

五、工作方面

1. 临时出国（境）要遵守纪律

公民出国（境），应保持良好的行为和人格，这是基本的要求。党员干部出国（境）更应时时处处注意自己的行为和形象，严格遵守在外的纪律。这些纪律包括：在因公出国（境）团（组）中，不得擅自延长在外停留时间；未经批准不得变更出访路线，或以任何理由绕道旅行；不得参加与访问任务无关的活动和会议；严禁出入赌博场所，不得使用任何形式的资金参与赌博活动；不准以任何借口自行或接受接待单位安排前往赌博场所；严禁进行网络赌博；严禁出入色情场所和观看色情表演，不得参加涉及低级趣味的娱乐游览项目；不得借出访之机谋取私利；不得违反国家规定收送礼品；不得使用公款大吃大喝，聚众酗酒；不得使用公款购买高档消费品、礼品或参加高消费娱乐活动；未经批准，不得携带涉密载体（包括纸质文件和电磁介质等）；未经批准，不得对外提供内部文件和资料；不得在非保密场所谈论涉密事项；不得泄露国家秘密和商业秘密；不得与可疑人员接触，不得接收任何可疑信函和物品。有些党员干部不以为然，他们在国（境）外，忘记了自己的身份，忘记了纪律，不服从公务出国（境）团（组）的管理，会受到相应的纪律处分。更有甚者，借出国（境）考察访问之机，参与赌博、色情活动，挥霍公款，对外造成较坏影响和经济损失，会受到严肃处理。

【纪法依据】

《中国共产党纪律处分条例》第一百四十七条规定，临时出国（境）团（组）或者人员中的党员，擅自延长在国（境）外期限，或者擅自变更路线的，对直接责任者和领导责任者，给予警告或者严重警告处分；情节严重的，给予撤销党内职务处分。

《关于加强因公出国（境）团组境外纪律的通知》规定，要加强对出国（境）团组的管理和纪律教育，通知列举了公务出国（境）人员在境外期间要遵守的纪律规定（共十一条）。

2. 在国（境）外要严格遵守当地法规

外事工作和涉外活动，是为了发展同世界各国、各地区及人民的友好关系，广交朋友，为我国社会主义现代化建设创造有利条件。这就要求出国或者出境人员，不论是长期的还是临时的，在国外、境外期间，应当遵守当地的法律、法令，尊重当地的宗教信仰、风俗习惯。否则，会引起驻在国家、地区的政府和人民的不满，甚至会引起纠纷，给我国的国际形象造成不良影响，也损害我们的国家利益。外事无小事，任何违犯纪律、不检点的行为都可能有损党和国家的尊严和形象。存在这些行为，会给予党纪处分。

【纪法依据】

《中国共产党纪律处分条例》第一百四十八条规定，驻外机构或者临时出国（境）团（组）中的党员，触犯驻在国家、地区的法律、法令或者不尊重驻在国家、地区的宗教习俗，情节较重的，给予警告或者严重警告处分；情节严重的，给予撤销党内职务、留党察看或者开除党籍处分。

3. 警惕在行政监管中失职渎职

行政机关的基本职能是经济调节、市场监管、社会管理和公共服务。国家行政机关或法律法规授权的部门、单位工作人员，应当认真履行、正确行使职权。在工作实践中，监管服务不到位、错位、越位的现象时有发生，这里有监管服务人员的认识问题，更有受利益驱动的问题。由于行政监管涉及诸多行业，表现出来的问题也是形形色色。比如，在决定基本建设项目的立项、设计、施工、投产等工作中造成重大失误；在文教卫生、邮电通信、环境保护、社会福利等社会管理和服务方面发生严重事故；对生产、销售假冒伪劣商品和其他危害公共安全、人身健康、生命财产安全的产品未发现，或者发现后不采取措施处理或措施不力，造成严重后果；对一些地方破坏国家自然资源的行为未发现，或者发现后不采取措施处理或措施不力；对一些单位违反财政、金融、工商管理、海关、会计、统计等方面法律、法规的行为长期失察或者发现后不予纠正；因工作不负责任，致使公共财物被贪污、挪用、盗窃、诈骗或者物资丢失、损坏、变质；等等。这就要求相关工作人员在法规范围内进行行政许可审批，按照职权"谁主管、谁负责"，恪尽职守，加强监管。当然，消除私心杂念，拒绝利益驱动是最关键的。

【纪法依据】

《中华人民共和国行政许可法》第七十七条规定，行政机关不依法履行监督职责或者监督不力，造成严重后果的，由其上级行政机关或者监察机关责令改正，对直接负责的主管人员和其他直接责任人员依法给予行政处分；构成犯罪的，依法追究刑事责任。

《行政机关公务员处分条例》第二十一条规定，公务员在行政许可工作中违反法定权限、条件和程序设定或者实施行政许可；违法设定或者实施行政强制措施；违法设定或者实施行政处罚和违反法律、法规规定进行行政委托的，给予处分。

4. 用餐管理工作中要正确履职

党的十八大以来，从开展“光盘行动”到印发《关于厉行节约反对食品浪费的意见》，提出要杜绝公务活动用餐浪费、推进单位食堂节俭用餐等，“舌尖上的浪费”现象有所改观，特别是群众反映强烈的公款餐饮浪费行为得到有效遏制。但客观来说，一些地方餐饮浪费行为仍然存在，部分领域浪费现象禁而难绝。对此，习近平总书记作出重要指示，强调“要加强立法，强化监管，采取有效措施，建立长效机制，坚决制止餐饮浪费行为”。2020 年 8 月，中央纪委国家监委印发了《关于贯彻落实习近平总书记重要批示精神　加强监督执纪坚决制止餐饮浪费行为的工作意见》，要求各级纪检监察机关把监督节约粮食、坚决制止餐饮浪费作为一项重要任务，立足职能职责精准监督、创新监督，狠刹奢侈浪费歪风。

⚖【纪法依据】

《中国共产党纪律处分条例》第一百三十三条规定，在公务活动用餐、单位食堂用餐管理工作中不履行或者不正确履行宣传教育、监督管理职责，导致餐饮浪费，造成严重不良影响的，对直接责任者和领导责任者，给予警告或者严重警告处分；情节严重的，给予撤销党内职务处分。

5. 警惕在安全工作中失职渎职

在经济社会发展进程中，党员干部特别是领导干部必须对安全工作负责。一些像桥梁崩塌、矿山透水爆炸、重大火灾、危房倒塌、食物中毒、交通安全等重大事故，其相关人员会被追究直接责任和领导责任。安全事故多数是因为工作人员违反有关规定或者不负责任引起的。比如，在决定基本建设项目方面：违反基本建设的规定，随意批准工程建设项目上马；擅自将工程项目委托给不具备相应等级资格的人进行勘察设计和施工；没有地质、测量、水文、气象等设计基础资料，就擅自决定进行工程设计，或对违反设计规范作出的严重错误设计，不进行审核，擅自批准；没有设计，就擅自同意施工；对建筑安装工程，不进行质量监督检查，放任偷工减料、粗制滥造等。在文教卫生、邮电通信、环境保护、社会福利等社会管理方面：由于教育工作人员失职，致使学校、幼儿园发生人身伤亡事故；医护人员在诊疗护理中不负责任，致使病人死亡或其他后果；药品食品质量监管人员失职，致使大量伪劣药品、有害食品流入市场，发生危害人身健康事故；单位负责人失职，违反食品卫生法规，造成多人食物中毒；卫生防疫监督检验人员失职，造成严重后果；国（境）卫生检疫工作人员违反规定，引起检疫传染病传播；邮电单位主管人员管理松弛，致使邮件、函电大量积压、丢失、毁损；邮电工作人员失职，延误投递邮件或收发电信，造成后果；环境保护工作人员违反法规，致使严重环境污染和破坏环境；社会福利事业单位负责人失职，致使本单位的孤、幼、老、弱、盲、哑、残人员被严重摧残；供水、供电、供气、供热单位的工作人员刁难用户，擅自停水、停电、停气、停热，造成不良后果；对涉及人民群众生产、生活等切身利益的问题能解决而不解决，造成不良后果；等等。此外，在救灾、处理事故方面，未采取必要和可能的措施，贻误时机，使本可以避免的损失未能避免，造成更大损失。对突发事件、重大事故和其他重要情况瞒报、谎报、缓报、漏报。这些都是领导干部要切记做好的本职工作、避免发生的安全事故。“隐患险于明火，防范胜于救灾，责任重于泰山。”在安排部署生产生活、组织文化活动时，必须有充分的安全因素预见性，加强安全检查，堵塞漏洞，防患未然。

【纪法依据】

《中华人民共和国安全生产法》第九十条规定，负有安全生产监督管理职责的部门的工作人员，对不符合法定安全生产条件的涉及安全生产的事项予以批准或者验收通过的，发现未依法取得批准、验收的单位擅自从事有关活动或者接到举报后不予取缔或者不依法予以处理的，对已经依法取得批准的单位不履行监督管理职责，发现其不再具备安全生产条件而不撤销原批准或者发现安全生产违法行为不予查处的，在监督检查中发现重大事故隐患，不依法及时处理的，给予降级或者撤职的处分；构成犯罪的，依照刑法有关规定追究刑事责任。

《国务院关于进一步加强企业安全生产工作的通知》规定，加大对事故企业负责人的责任追究力度。企业发生重大生产安全责任事故，追究事故企业主要负责人责任；触犯法律的，依法追究事故企业主要负责人或企业实际控制人的法律责任。发生特别重大事故，除追究企业主要负责人和实际控制人责任外，还要追究上级企业主要负责人的责任；触犯法律的，依法追究企业主要负责人、企业实际控制人和上级企业负责人的法律责任。对重大、特别重大生产安全责任事故负有主要责任的企业，其主要负责人终身不得担任本行业企业的矿长（厂长、经理）。对非法违法生产造成人员伤亡的，以及瞒报事故、事故后逃逸等情节特别恶劣的，要依法从重处罚。

《行政机关公务员处分条例》第二十条第（一）项规定，公务员不依法履行职责，致使可以避免的爆炸、火灾、传染病传播流行、严重环境污染、严重人员伤亡等重大事故或者群体性事件发生的，给予处分；情节严重的，开除公职。第（二）项规定，发生重大事故、灾害、事件或者重大刑事案件、治安案件，不按规定报告、处理的，给予处分；情节严重的，开除公职。

6. 敢于斗争，善于担当

习近平总书记强调："干部敢于担当作为，这既是政治品格，也是从政本分。"党的二十大报告提出，要"加强干部斗争精神和斗争本领养成，着力增强防风险、迎挑战、抗打压能力，带头担当作为，做到平常时候看得出来、关键时刻站得出来、危难关头豁得出来"。敢于斗争、勇于担当是党员干部的职责所在，也是共产党人不可战胜的强大精神力量。推进伟大事业，实现伟大目标，什么时候都不能丢掉担当和斗争精神，任何时候都要勇于担当、善于作为，坚持原则、敢于斗争。2023 年修订的《中国共产党纪律处分条例》立足引导党员敢于担当、积极作为，在工作纪律中增加对不敢斗争、不愿担当，面对重大矛盾冲突、危机困难临阵退缩行为的处分规定。

【纪法依据】

《中国共产党纪律处分条例》第一百三十一条规定，工作中不敢斗争、不愿担当，面对重大矛盾冲突、危机困难临阵退缩，造成不良影响或者严重后果的，给予警告或者严重警告处分；情节严重的，给予撤销党内职务、留党察看或者开除党籍处分。

《中国共产党问责条例》第六条第三款规定，党组织和党的领导干部应当坚持把自己摆进去、把职责摆进去、把工作摆进去，注重从自身找问题、查原因，勇于担当、敢于负责，不得向下级党组织和干部推卸责任。

7. 必须按规定进行政府采购

政府采购是各级国家机关、事业单位和团体组织，使用财政性资金采购依法制定的集中采购目录以内的或者采购限额标准以上的货物、工程和服务的行为。实行政府采购制度，是财政支出管理制度的重大改革。政府采购在加强单位支出管理，提高资金使用效益，强化宏观调控等方面成效显著。但随着采购范围的不断扩大、采购规模的飞速增长，政府采购在管理和执行方面存在的问题逐渐显现出来。如果政府采购信息透明度不高，负责采购的人员抵不住诱惑，稍有不慎就容易发生腐败问题。作为年轻干部要时刻提高警惕，要记住，监督无处不在，伸手必被捉。

现实中，一些单位为了小团体利益等不正当利益，想方设法规避政府采购，其手段主要有下列几种表现形式：（1）应当采用公开招标方式而擅自采用其他方式采购的；（2）擅自提高采购标准的；（3）委托不具备政府采购业务代理资格的机构办理采购事务的；（4）以不合理的条件对供应商实行差别待遇或者歧视待遇的；（5）在招标采购过程中与投标人进行协商谈判的；（6）中标、成交通知书发出后不与中标、成交供应商签订采购合同的；（7）拒绝有关部门依法实施监督检查的；（8）与供应商或者采购代理机构恶意串通的；（9）在采购过程中接受贿赂或者获取其他不正当利益的；（10）在有关部门依法实施的监督检查中提供虚假情况的；（11）开标前泄露标底的。这些行为，不但侵犯国家有关政府采购制度，损害国家、集体、公民的合法利益，而且极易引发受贿等腐败问题，必须坚决制止。

【纪法依据】

《中华人民共和国政府采购法》第七十五条规定，采购人未依法公布政府采购项目的采购标准和采购结果的，责令改正，对直接负责的主管人员依法给予处分。第八十条规定，政府采购监督管理部门的工作人员在实施监督检查中违反本法规定滥用职权，玩忽职守，徇私舞弊的，依法给予行政处分；构成犯罪的，依法追究刑事责任。

8. 正确履行信访工作职责

信访工作是党的群众工作的重要组成部分，是党和政府了解民情、集中民智、维护民利、凝聚民心的一项重要工作，是各级机关、单位及其领导干部、工作人员接受群众监督、改进工作作风的重要途径。信访工作应当坚持党的全面领导，把党的领导贯彻到信访工作各方面和全过程，确保正确政治方向；坚持以人民为中心，践行党的群众路线，倾听群众呼声，关心群众疾苦，千方百计为群众排忧解难；坚持落实信访工作责任，党政同责、一岗双责，属地管理、分级负责，谁主管、谁负责；坚持依法按政策解决问题，将信访纳入法治化轨道，依法维护群众权益、规范信访秩序；坚持源头治理化解矛盾，多措并举、综合施策，着力点放在源头预防和前端化解，把可能引发信访问题的矛盾纠纷化解在基层、化解在萌芽状态。

各级党委和政府信访部门是开展信访工作的专门机构，履行“受理、转送、交办信访事项；协调解决重要信访问题；督促检查重要信访事项的处理和落实；综合反映信访信息，分析研判信访形势，为党委和政府提供决策参考；指导本级其他机关、单位和下级的信访工作；提出改进工作、完善政策和追究责任的建议；承担本级党委和政府交办的其他事项”等职责。新时代新征程上，必须贯彻党的群众路线，深入研究和准确把握新形势下群众工作、信访工作的特点和规律，改进群众工作方法，提高群众工作水平，正确履行职责，切勿因不履行或者不正确履行职责而导致信访事项发生。

【纪法依据】

《中国共产党纪律处分条例》第一百三十五条规定，在信访工作中，有下列行为之一，造成不良影响或者严重后果的，对直接责任者和领导责任者，给予警告或者严重警告处分；情节较重的，给予撤销党内职务或者留党察看处分；情节严重的，给予开除党籍处分：（一）不按照规定受理、办理信访事项；（二）对规模性集体访等处置不力，导致事态扩大；（三）对党委和政府信访部门提出的改进工作、完善政策等建议重视不够、落实不力，导致问题长期得不到解决；（四）其他不履行或者不正确履行信访工作职责行为。不履行或者不正确履行职责，导致信访事项发生，造成不良影响或者严重后果的，对直接责任者和领导责任者，依照前款规定处理。

《信访工作条例》第四十二条规定，因下列情形之一导致信访事项发生，造成严重后果的，对直接负责的主管人员和其他直接责任人员，依规依纪依法严肃处理；构成犯罪的，依法追究刑事责任：（一）超越或者滥用职权，侵害公民、法人或者其他组织合法权益；（二）应当作为而不作为，侵害公民、法人或者其他组织合法权益；（三）适用法律、法规错误或者违反法定程序，侵害公民、法人或者其他组织合法权益；（四）拒不执行有权处理机关、单位作出的支持信访请求意见。第四十六条规定，有关机关、单位及其领导干部、工作人员有下列情形之一的，由其上级机关、单位责令改正；造成严重后果的，对直接负责的主管人员和其他直接责任人员依规依纪依法严肃处理；构成犯罪的，依法追究刑事责任：（一）对待信访人态度恶劣、作风粗暴，损害党群干群关系；（二）在处理信访事项过程中吃拿卡要、谋取私利；（三）对规模性集体访、负面舆情等处置不力，导致事态扩大；（四）对可能造成社会影响的重大、紧急信访事项和信访信息隐瞒、谎报、缓报，或者未依法及时采取必要措施；（五）将信访人的检举、揭发材料或者有关情况透露、转给被检举、揭发的人员或者单位；（六）打击报复信访人；（七）其他违规违纪违法的情形。

《信访工作责任制实施办法》第十一条规定，各级党政机关及其领导干部、工作人员不履行或者未能正确履行信访工作责任内容，有以下情形：（一）因决策失误、工作失职，损害群众利益，导致信访问题产生，造成严重后果的；（二）未按照规定受理、交办、转送和督办信访事项，或者不执行信访事项处理意见，严重损害信访群众合法权益的；（三）违反群众纪律，对应当解决的群众合理合法诉求消极应付、推诿扯皮，或者对待信访群众态度恶劣、简单粗暴，损害党群干群关系，造成严重后果的；（四）对发生的集体访或者信访负面舆情处置不力，导致事态扩大，造成不良影响的；（五）对信访部门提出的改进工作、完善政策和给予处分等建议重视不够、落实不力，导致问题长期得不到解决的；（六）其他应当追究责任的失职失责情形。对规定中涉及的集体责任，领导班子主要负责人和直接主管的负责人承担主要领导责任，参与决策和工作的班子其他成员承担重要领导责任，对错误决策或者行为提出明确反对意见而没有被采纳的，不承担领导责任；涉及的个人责任，具体负责的工作人员承担直接责任，领导班子主要负责人和直接主管的负责人承担领导责任。第十二条规定，根据情节轻重，对各级党政机关领导干部、工作人员的责任追究采取通报、诫勉、组织调整或者组织处理、纪律处分的方式进行。上述追责方式，可以单独使用，也可以合并使用。

9. 要遵守增值税票据管理规定

国家实行增值税管理制度，对于强化税收、积累社会财富具有重要意义。违反相关管理规定，侵犯的是国家对增值税专用发票和其他发票的监督管理，破坏国家对税收的征管，造成应收税款流失的后果。增值税就是对税法所列举的产品的销售额中新增加的价值部分征收的一个税种。增值税专用发票是以产品的增值额为征税对象、具有直接抵扣税款功能的专门用于增值税的收付款的凭证。虚开增值税专用发票或者虚开用于骗取出口退税、抵扣税款的其他发票，包括有为他人虚开、为自己虚开、让他人为自己虚开、介绍他人虚开的行为，都是不被允许的。

【纪法依据】

《中华人民共和国刑法》第三章第六节对“危害税收征管罪”的处罚规定，虚开增值税专用发票或者虚开用于骗取出口退税、抵扣税款的其他发票的；伪造或者出售伪造的增值税专用发票的；非法出售增值税专用发票的；非法购买增值税专用发票或者购买伪造的增值税专用发票的；伪造、擅自制造或者出售伪造、擅自制造的可以用于骗取出口退税、抵扣税款的其他发票的，依法处以刑罚。单位犯上述之罪的，对单位判处罚金，并对其直接负责的主管人员和其他直接责任人员，依照相应条款的规定处罚。

10. 警惕中介活动的虚假证明行为

随着社会的发展、经济的活跃，从事各类经济服务、法律服务的中介组织已成为社会主义市场经济体制下不可或缺的重要角色。它们为社会提供专业服务，具有真实性、准确性和可信性等特征。因此，对中介组织从业人员也有严格的要求。特别是对从事资产评估、验资（证）、会计、审计、法律服务等工作的社会中介组织的人员，不准故意提供虚假评估、虚假资信证明、虚假鉴证等文件；如果严重不负责任，出具的评估、证明、鉴证等文件有重大失实，那么就构成提供虚假证明文件违纪行为。根据法律的规定，中介从业人员故意提供虚假证明文件，情节严重的，构成犯罪。“情节严重”主要是指故意提供虚假证明文件手段比较恶劣，如有的故意为违法犯罪活动提供方便和条件，以及因故意提供虚假证明文件而造成了严重后果等。“虚假证明文件”，既包括伪造的证明文件，也包括内容虚假的文件。主要是指应客户要求，对资产评估、验资、验证、会计、审计、法律服务等方面，出具虚假的有关证明文件，包括有关资料、报表、数据和各种结果、结论方面的报告和材料等。这些行为多数出于利益驱动，或出于人情关系。不论出于何种目的，一旦提供了虚假证明文件，就妨害了中介服务市场的管理秩序，破坏了社会公信力，给国家、公众或者其他投资者造成了经济损失，施行这一活动的行为人会受到相应的纪法惩戒。

⚖【纪法依据】

《中华人民共和国刑法》第二百二十九条规定，承担资产评估、验资、验证、会计、审计、法律服务、保荐、安全评价、环境影响评价、环境监测等职责的中介组织的人员故意提供虚假证明文件，情节严重的，或者兼有索取他人财物或者非法收受他人财物构成犯罪的，或者严重不负责任，出具的证明文件有重大失实，造成严重后果的，依法定罪处罚。

11. 警惕泄密

保守机密是党的生命。保守党和国家秘密，是每一位党员的共同责任。“国家秘密”是指关系国家的安全和利益，依照法定程序确定，在一定时间内只限一定范围人员知悉的事项。国家秘密的密级分为绝密、机密、秘密三级。泄露国家秘密行为，是指违规违法使国家秘密被不应知悉者知悉的，或使国家秘密超出了限定的接触范围，而不能证明未被不应知悉者知悉的。

《中华人民共和国保守国家秘密法》规定十二种泄密行为是要给予处分的。(1) 非法获取、持有国家秘密载体的；(2) 买卖、转送或者私自销毁国家秘密载体的；(3) 通过普通邮政、快递等无保密措施的渠道传递国家秘密载体的；(4) 邮寄、托运国家秘密载体出境，或者未经有关主管部门批准，携带、传递国家秘密载体出境的；(5) 非法复制、记录、存储国家秘密的；(6) 在私人交往和通信中涉及国家秘密的；(7) 在互联网及其他公共信息网络或者未采取保密措施的有线和无线通信中传递国家秘密的；(8) 将涉密计算机、涉密存储设备接入互联网及其他公共信息网络的；(9) 在未采取防护措施的情况下，在涉密信息系统与互联网及其他公共信息网络之间进行信息交换的；（10）使用非涉密计算机、非涉密存储设备存储、处理国家秘密信息的；（11）擅自卸载、修改涉密信息系统的安全技术程序、管理程序的；（12）将未经安全技术处理的退出使用的涉密计算机、涉密存储设备赠送、出售、丢弃或者改作其他用途的。

这里要注意三种违纪行为：（1）经手、管理秘密文件的党员干部，由于工作不负责任，或者疏忽大意，把自己管理或者经手的党和国家秘密级、机密级、绝密级文件、资料、照片、图表等遗失而不知去向和下落，即构成丢失秘密文件资料违纪行为；（2）掌握和了解党和国家秘密的党员干部，故意或者由于过失，泄露党和国家秘密，情节较轻的，即构成泄露党和国家秘密违纪行为；（3）主管或分管保密工作的党员干部对国家保密法规和上级关于保密工作的指示不贯彻、不落实，对保密制度不检查、不执行，对违反保密法规和制度的行为不制止、不纠正，致使下属发生丢失秘密文件资料或者泄露党和国家秘密的重大失密、泄密事故，造成较大损失的，即构成重大失密泄密事故违纪行为，要追究该领导的责任。

【纪法依据】

《中华人民共和国刑法》第三百九十八条规定，国家机关工作人员违反保守国家秘密法的规定，故意或者过失泄露国家秘密，依法定罪处罚。

《中华人民共和国公务员法》第五十九条第（十一）项规定，公务员不得泄露国家秘密或者工作秘密。

《中华人民共和国公职人员政务处分法》第三十九条规定，“泄露国家秘密、工作秘密，或者泄露因履行职责掌握的商业秘密、个人隐私的”，造成不良后果或者影响的，予以处分；情节较重的，予以降级或者撤职；情节严重的，予以开除。

《中华人民共和国保守国家秘密法》第四十九条规定，机关、单位违反本法规定，发生重大泄密案件的，由有关机关、单位依法对直接负责的主管人员和其他直接责任人员给予处分；不适用处分的人员，由保密行政管理部门督促其主管部门予以处理。

《中国共产党章程》第三条第（四）项规定，党员必须严格保守党和国家的秘密。

《中国共产党纪律处分条例》第一百四十四条规定，泄露、扩散或者打探、窃取党组织关于干部选拔任用、纪律审查、巡视巡察等尚未公开事项或者其他应当保密的内容的，给予警告或者严重警告处分；情节较重的，给予撤销党内职务或者留党察看处分；情节严重的，给予开除党籍处分。私自留存涉及党组织关于干部选拔任用、纪律审查、巡视巡察等方面资料，情节较重的，给予警告或者严重警告处分；情节严重的，给予撤销党内职务处分。

《行政机关公务员处分条例》第二十六条规定，公务员“泄露国家秘密、工作秘密，或者泄露因履行职责掌握的商业秘密、个人隐私”，给予处分；情节严重的，开除公职。

六、生活方面

1. 依法履行纳税义务

税收是国家代表全体社会成员行使收益权的体现，是国家财政收入的主要来源，是国家经济建设的物质基础，也是调节分配、调控国民经济的主要手段。任何为了个人或小团体利益而不依法履行法定纳税义务的行为，都是对全体社会成员利益的侵犯，应当受到处罚。

不依法履行纳税义务属于违纪行为，既包括纳税义务人，也包括扣缴义务人；既可以是个人，也可以是单位。单位不履行法定纳税义务时，追究主要责任者和其他直接责任人员的责任。常见的违反法定纳税义务主要有偷税、抗税和逃避追缴欠税等几种方式。

【纪法依据】

《中华人民共和国刑法》第二百零一条、第二百零二条、第二百零三条规定，纳税人采取欺骗、隐瞒手段进行虚假纳税申报或者不申报，逃避缴纳税款数额较大并且占应纳税额百分之十以上的；以暴力、威胁方法拒不缴纳税款的；纳税人欠缴应纳税款，采取转移或者隐匿财产的手段，致使税务机关无法追缴欠缴的税款，数额较大的，依法定罪处罚。第三百四十九条规定，缉毒人员或者其他国家机关工作人员掩护、包庇走私、贩卖、运输、制造毒品的犯罪分子的，从重处罚。

《中华人民共和国税收征收管理法》第三条第二款规定，任何机关、单位和个人不得违反法律、行政法规的规定，擅自作出税收开征、停征以及减税、免税、退税、补税和其他同税收法律、行政法规相抵触的决定。第三十一条规定，纳税人、扣缴义务人按照法律、行政法规规定或者税务机关依照法律、行政法规的规定确定的期限，缴纳或者解缴税款。

2. 尊重他人人身权利

生命权、健康权、人身自由权、人格名誉权、住宅不受侵犯权等人身权利，是宪法赋予公民的基本权利，在任何情况下，都不容侵犯。在现实生活中，使用暴力、言词、文字等方法，公然贬损他人人格、破坏他人名誉的，属于侮辱他人的行为；故意捏造并散布某种事实，损坏他人人格，破坏他人名誉的，属于诽谤他人的行为；使用暴力打击他人身体，使之遭受皮肉之苦的，属于殴打他人行为；采取殴打以外的方式进行肉体折磨的，属于体罚他人行为；非法使用捆绑、禁闭等方式使他人在一定时间内失去行动自由的，属于非法拘禁行为；没有搜查权而进行非法搜查，或者有搜查权而滥用职权，或者违反法定程序进行搜查的，属于非法搜查行为；非法闯入他人住宅或者经要求退出仍无故拒不退出的，属于非法侵入他人住宅行为。这些都是侵犯他人人身权利的行为。这些行为如果造成严重后果，属于侮辱引起的构成侮辱罪，属于诽谤引起的构成诽谤罪。

【纪法依据】

《中华人民共和国宪法》第三十七条规定，中华人民共和国公民的人身自由不受侵犯。任何公民，非经人民检察院批准或者决定或者人民法院决定，并由公安机关执行，不受逮捕。禁止非法拘禁和以其他方法非法剥夺或者限制公民的人身自由，禁止非法搜查公民的身体。第三十九条规定，中华人民共和国公民的住宅不受侵犯。禁止非法搜查或者非法侵入公民的住宅。

《中华人民共和国刑法》第二百三十八条、第二百四十五条、第二百四十六条规定，非法拘禁他人或者以其他方法非法剥夺他人人身自由的；非法搜查他人身体、住宅，或者非法侵入他人住宅的；司法工作人员滥用职权，犯上述罪的；以暴力或者其他方法公然侮辱他人或者捏造事实诽谤他人，情节严重的，依法定罪处罚。

《行政机关公务员处分条例》第二十五条第（一）项规定，公务员“以殴打、体罚、非法拘禁等方式侵犯公民人身权利的”，给予处分；情节严重的，开除公职。

正面行为养成路径

（一）要坚定理想信念，对党忠诚

习近平总书记强调，我们挑选优秀年轻干部，千条万条，第一条就是看是否对党忠诚；我们培养优秀年轻干部，千条万条，第一条就是教育他们对党忠诚，坚决防止政治上的两面人。理想信念是中国共产党人的精神支柱和政治灵魂，也是保持党的团结统一的思想基础。习近平总书记从事关党的兴衰成败、事关队伍建设根本的高度，将"信念坚定、对党忠诚"作为对年轻干部的首位要求，进一步为干部成长指明正确方向、确立精神坐标。

1. 学会诚实守信做人。人品决定官品。虚伪的人在机关单位内部必定没有威信，口碑很差，工作不会得到同事的支持和帮助，甚至被孤立。坦坦荡荡做人、诚实做人是为官的先决条件和基本条件。

2. 对个人的各项收入、财产及婚姻变化，配偶子女出国定居，经商办企业，被追究刑事责任等情况，应当按时逐项如实填写报告，不能含糊。

3. 对本人或家庭共有的资产，一定不能对组织隐瞒或寻找借口佯称为亲友的。

4. 不能以虚假的姓名（身份证）到银行存储个人资产，以此向组织隐瞒财产。

5. 不能为了逃避报告制度和调查，把个人资产转移到国（境）外。损害国家经济利益，是大错特错。

6. 不能伪造学历证明、出生证明。为了本人仕途，向组织提交虚假的学历证明、出生证明，既是违规违纪的行为，更是人生的耻辱。

（二）要进行全面的、系统的、富有探索精神的学习

学习既要抓住学习重点，也要注意拓展学习领域。马克思主义是我们立党立国的根本指导思想，马克思主义理论是我们做好一切工作的看家本领。习近平总书记强调，要学习马克思主义理论特别是新时代党的创新理论。

1. 必须深入学习习近平新时代中国特色社会主义思想，用马克思主义的立场、观点、方法观察时代、把握时代、引领时代，继续推进马克思主义中国化时代化，坚持正确前进方向、科学把握发展规律、牢牢赢得历史主动。

2. 党的路线方针政策和国家法律法规是党的理论、意志、主张在治党治国、执政理政上的具体体现。学习贯彻好党的路线方针政策和国家法律法规，直接关系中国特色社会主义伟大事业的全面推进，关系中华民族伟大复兴中国梦的顺利实现。

3. 必须坚持与时俱进、勤学善思，始终保持对党的路线方针政策的学习热情。对于经济、政治、历史、文化、社会、科技、军事、外交等方面的知识，年轻干部要结合工作需要来学习，不断提高自己的知识化、专业化水平。

4. 要学习好传承好中华优秀传统文化，坚持古为今用，厚植文化自信，努力实现传统文化的创造性转化、创新性发展，使之与现实文化相融相通，共同服务以文化人的时代任务，继续为中华民族伟大复兴凝心聚力铸魂。

（三）学习读书的方法

年轻干部要有政治觉悟，要想胜任本职工作，必须加强学习，把学习作为终身任务。读书是加强学习的一种方式，年轻干部应该多读

书，必定会受用于读书、得益于读书。

1. 懂得读书好。读好书的好处就是获取信息、丰富知识，愉悦身心、升华精神。在知识爆炸的年代，不断读书，吸取知识，可以使我们增长工作本领。特别是年轻干部，在大是大非问题上要做到立场坚定，旗帜鲜明，自觉与党中央在思想上政治上行动上保持一致，在处理复杂问题时才能得心应手。读书是一个漫长的过程，必须贯穿于人生始终、事业始终，即所谓活到老，学到老。读书是手段，提高自身素质是目的，能否学以致用是关键。不管怎样，长期坚持读书，必有好处。

2. 培养好读书。没有爱好就没有动力，要把读书变成一种生活爱好。要有求知的欲望，求知欲是读书学习的原动力。要有境界升华的需要，读书主要是陶冶情操，既可以得到知识，也可以提升觉悟，使自己豁然开朗。要有以书为友的需求。读书则是最好的"慎独"。以书为友，会得到更多更真实的帮助。

3. 追求读好书。年轻干部读书可以杂一些，政治、经济、哲学、文学、医学等方方面面的书籍都应读一些，但杂中要有选择。特别是在平时工作很忙、读书时间不多，就更需要有选择地读书，尽量选好书来读。常言道"开卷有益"，有益的是读好书。

4. 学会善读书。用科学的方法读书，则读书效果更佳。把书从厚读到薄，再从薄读到厚，此为其一。精读、粗读、顺读、倒读并用，此为其二。科学安排读书时间，突出一个"挤"字，再忙也要把读书挤进生活和工作的日程表；见缝插针，善于利用零星时间读书，此为其三。

（四）言谈举止要注意自己的身份

年轻干部应该具有较高的政治觉悟。遇事要有基本判断，应首先从政治层面考虑问题。即自己的言行符不符合党纪国法，会不会影响党和国家的形象以及人民的利益。三思而后行，言谈举止要符合自己的身份。

1. 注意自己的言论。俗话说："病从口入，祸从口出。"党员干部身份特殊，说不该说的话，既影响个人形象，也损害党和政府的声誉，甚至会影响社会稳定。

2. 尊重少数民族的风俗习惯，任何时候不能伤害少数民族同胞的感情，应加强学习民族政策。

3. 平时应了解宗教政策，维护当地宗教管理，尊重宗教戒律，广泛团结宗教界人士和信教群众，共同构建和谐社会。

4. 坚决拒绝和抵制邪教的拉拢腐蚀。对邪教活动要有政治敏锐性和清醒的认识，不能参加邪教活动，也不要为邪教活动提供场地和物质支持。不参加、不支持封建迷信活动。

5. 对家乡征地拆迁等问题和农村民间纠纷问题，应站在党和政府的立场做工作，围绕着当地发展大局做工作。不要插手经济补偿问题，也不要暗地为其中一方支招，为其经济利益出谋划策，破坏当地发展大局和社会稳定。

6. 警惕海外敌特机关和境外反动势力的策反活动。对不明真相的人要求与你发展关系，要坚决说"不"；对无缘无故以物质讨好你的行为，不能接受；对无缘无故免费邀请你出国（境）旅游观光或出国（境）定居，不要接受。记住"天下没有免费的午餐"。在日常交往中，对自己工作所掌握的各种机密一定要守口如瓶，警惕海外敌特机关以金钱向你买情报。哪怕你受到再大的委屈和挫折，也不能听信或接受诸如到境外或驻华领馆政治避难之类的唆使，要识破境外敌对势力这些圈套。

（五）公私要分明

经济方面的违法违纪往往是从公私不分开始的。一些干部习惯于公私不分。公私不分很容易导致化公为私和损公肥私，时间一长就会毁掉这个干部。要把公私关系处理好，必须具有大公无私精神，至少都要公私分明。有公私原则作为准绳，就会自觉清除“公家的不拿白不拿，不吃白不吃”的奇谈怪论，自觉不贪不占，树立良好的人格。

1. 不要贪小便宜。“勿以善小而不为，勿以恶小而为之。”一个私心重的人，会抓住便宜不放，时间一长，人格就有问题。次数多了，此人便会从小贪演变为大贪。

2. 不要化公为私。利用职务便利侵占公物是化公为私的突出表现。领导干部对公物的支配有很多便利条件，汽车、电脑、高档录像机，只要你想要，都可以以暂用、借用、试用、调用名义拿回家。时间一长，单位的人员变动，新调来的人员不知前情，这些东西就可以归己所有了。这种化公为私行为，追究起来，是要受到党纪政务处分的，也是酿成大贪的前奏。

第三部分

负面清单——那些你不能做的事

一、政治纪律和政治规矩

1. 切忌携带、寄递反动宣传品入出境

除了随身携带，托运、邮寄、快递等都属于寄递范畴，凡私自携带、寄递违禁物品入出境的，都是不允许的，都属于违纪行为。近年来，随着我国经济社会的快速发展和改革开放的不断深入，国（境）外反动势力也加快了对我国的宣传渗透，出现了反对党的基本理论、基本路线、基本方略或者重大方针政策，反对党的领导、反对社会主义制度、敌视政府，危害国家安全或者其他有严重政治问题的书刊、音像制品、电子读物等。作为年轻干部，在这个问题上决不能糊涂，必须自觉抵制。这也是每个党员都应该具有的政治判断力和政治领悟力。不管出自什么动机，凡私自从外国及我国香港、澳门、台湾地区携带上述书刊、音像制品、电子读物入出境的，都应给予当事人批评或处分，并收缴违禁物品。

【纪法依据】

《中国共产党纪律处分条例》第五十二条第一款规定，制作、贩卖、传播第五十条、第五十一条所列（公开发表坚持资产阶级自由化立场、反对四项基本原则，反对党的改革开放决策的文章、演说、宣言、声明；公开发表违背四项基本原则，违背、歪曲党的改革开放决策，或者其他有严重政治问题的文章、演说、宣言、声明等；妄议党中央大政方针，破坏党的集中统一；丑化党和国家形象，或者诋毁、诬

蔑党和国家领导人、英雄模范，或者歪曲党的历史、中华人民共和国历史、人民军队历史）内容之一的报刊、书籍、音像制品、电子读物，以及网络文本、图片、音频、视频资料等，情节较轻的，给予警告或者严重警告处分；情节较重的，给予撤销党内职务或者留党察看处分；情节严重的，给予开除党籍处分。

2. 决不允许在党内搞山头主义

山头主义是一种小团体主义的倾向，主要表现为利用权力拉帮结派，搞团团伙伙。搞山头主义严重破坏党的集中统一，破坏中央政令畅通，破坏干部选拔的五湖四海原则，削弱党的向心力、凝聚力、战斗力，是滋生腐败的土壤，是党的团结和集中统一的大敌，是党纪所不允许的。如果任其发展，不仅损害党的形象和党内政治生态，大大削弱党的领导，还会从根本上动摇党的团结和集中统一的基础，成为从内部侵蚀党执政基础的政治隐患，是一个必须高度重视的政治问题，党员干部一定要时刻保持清醒，不要在党内搞山头主义，同时，对搞山头主义的群体也要坚决抵制。

【纪法依据】

《关于新形势下党内政治生活的若干准则》规定，决不允许自行其是、各自为政，决不允许有令不行、有禁不止，决不允许搞上有政策、下有对策。党员、干部特别是高级干部不准在党内搞小山头、小圈子、小团伙，严禁在党内拉私人关系、培植个人势力、结成利益集团。

《中国共产党纪律处分条例》第五十六条第一款规定，党员领导干部在本人主政的地方或者分管的部门自行其是，搞山头主义，拒不执行党中央确定的大政方针，甚至背着党中央另搞一套的，撤销党内职务、留党察看或者开除党籍。

3. 莫要制造、散布、传播政治谣言

政治谣言危害很大，不仅“惑众”，还能“祸国”。它能改变人们的政治立场，左右人们的政治行为，破坏群众对党和政府的信任，破坏党的团结统一，造成严重的思想混乱，甚至严重的社会政治问题。因此，对党员制造、散布、传播政治谣言的，必须严肃追究党纪责任。党员干部反映他人的问题，应该通过党内正常渠道实名进行，不准制造谣言，不准散布小道消息。

【纪法依据】

《关于新形势下党内政治生活的若干准则》规定，不准制造、传播政治谣言及丑化党和国家形象的言论。

《中国共产党纪律处分条例》第五十九条第一款规定，制造、散布、传播政治谣言，破坏党的团结统一的，给予警告或者严重警告处分；情节较重的，给予撤销党内职务或者留党察看处分；情节严重的，给予开除党籍处分。

4. 切忌诬告陷害他人

“七个有之”问题，其中之一就是匿名诬告、制造谣言。党章第四十条规定，“严格禁止打击报复和诬告陷害”。《关于新形势下党内政治生活的若干准则》规定，“严肃追查处理诬告陷害行为”，“党员、干部反映他人的问题，应该出于党性，通过党内正常渠道实名进行，

不准散布小道消息，不准散发匿名信，不准诬告陷害等”。党纪处分条例将匿名诬告、有意陷害等行为划分为违反政治纪律的行为，更加突出了纪律的政治属性。现实中，个别人采取捏造事实的手段，向纪检监察机关、司法机关或有关单位告发他人所谓的违纪违法事实，这种行为是党纪国法所明令禁止的。这里有必要分清两个方面问题：一方面，公民和党员有批评、建议、控告、检举的权利；另一方面，公民和党员不得捏造或者歪曲事实诬告陷害他人。党纪国法明确规定不得诬告陷害他人，通过纪法确保党员正确行使民主权利，防止一些人借机陷害。

匿名诬告、有意陷害他人是一种不正之风，会挫伤好干部的积极性。对这种情况，组织一定要负责任地调查清楚。如果属于诬告的，要严肃处理诬告者，还被害人清白。

【纪法依据】

《中华人民共和国宪法》第四十一条规定，中华人民共和国公民对于任何国家机关和国家工作人员，有提出批评和建议……控告或者检举的权利，但是不得捏造或者歪曲事实进行诬告陷害。

《中华人民共和国刑法》第二百四十三条规定，捏造事实诬告陷害他人，意图使他人受刑事追究，情节严重或者造成严重后果的，依法定罪处罚。属国家机关工作人员犯罪的，从重处罚。不是有意诬陷，而是错告，或者检举失实的，不适用上述的规定。

《中华人民共和国公务员法》第九十九条规定，公务员提出申诉、控告，应当尊重事实，不得捏造事实，诬告、陷害他人。对捏造事实，诬告、陷害他人的，依法追究法律责任。

《中华人民共和国公职人员政务处分法》第三十二条第（四）项规定，对“诬告陷害，意图使他人受到名誉损害或者责任追究等不良影响”的公职人员予以处分；情节较重的，予以降级或者撤职；情节严重的，开除公职。

《中华人民共和国治安管理处罚法》第四十二条第（三）项规定，对捏造事实诬告陷害他人，企图使他人受到刑事追究或者受到治安管理处罚的，处以治安处罚。

《中国共产党纪律处分条例》第五十九条第二款规定，政治品行恶劣，匿名诬告，有意陷害或者制造其他谣言，造成损害或者不良影响的，给予警告或者严重警告处分；情节较重的，给予撤销党内职务或者留党察看处分；情节严重的，给予开除党籍处分。

5. 切莫擅自对应当由党中央决定的重大政策问题作出决定、对外发表主张

不能擅自对应当由党中央决定的重大政策问题作决定、对外发表主张关系每个党员干部有令则行、有禁则止的问题。擅自对应当由党中央决定的重大政策问题作出决定、对外发表主张的，是在政治上与党离心离德、分庭抗礼的表现，是严重违反党的政治纪律的行为。值得注意的是，“重大政策问题”属于应当由党中央决定的事项，党员个人、部门或者地方的党组织未经中央批准或者授权，不得作出决定、对外发表主张，无论相关决定和主张是否与党中央一致，只要是未经党中央批准或者授权而擅自作出决定、对外发表主张的，即违反了党的政治纪律，按照《中国共产党纪律处分条例》相关规定会给予严重警告直至开除党籍处分。

【纪法依据】

《中华人民共和国公务员法》第十四条第（四）项规定，公务员应当忠于职守，勤勉尽责，服从和执行上级依法作出的决定和命令。第五十九条第（五）项规定，公务员不得拒绝执行上级依法作出的决定和命令。

《中国共产党章程》第十六条第一款规定，有关全国性的重大政策问题，只有党中央有权作出决定，各部门、各地方的党组织可以向中央提出建议，但不得擅自作出决定和对外发表主张。

《关于新形势下党内政治生活的若干准则》规定，涉及全党全国性的重大方针政策问题，只有党中央有权作出决定和解释。各部门各地方党组织和党员领导干部可以向党中央提出建议，但不得擅自作出决定和对外发表主张。对党中央作出的决议和制定的政策如有不同意见，在坚决执行的前提下，可以向党组织提出保留意见，也可以按组织程序把自己的意见向党的上级组织直至党中央提出。

《中国共产党纪律处分条例》第六十条规定，擅自对应当由党中央决定的重大政策问题作出决定、对外发表主张的，对直接责任者和领导责任者，给予严重警告或者撤销党内职务处分；情节严重的，给予留党察看或者开除党籍处分。

6. 不得干扰巡视巡察工作

习近平总书记强调，巡视是党章赋予的重要职责，是加强党的建设的重要举措，是全面从严治党、维护党纪的重要手段，是加强党内监督的重要形式，要用好巡视这把反腐“利剑”。干扰巡视和不落实巡视整改要求的六种具体情形包括：（1）隐瞒不报或者故意向巡视组提供虚假情况的；（2）拒绝或者不按照要求向巡视组提供相关文件材料的；（3）指使、强令有关单位或者人员干扰、阻挠巡视工作，或者诬告、陷害他人的；（4）无正当理由拒不纠正存在的问题或者不按照要求整改的；（5）对反映问题的干部群众进行打击、报复、陷害的；（6）其他干扰巡视工作的情形。党员干部要对照检查，在工作中要配合巡视巡察，切不要干扰巡视巡察工作，要按照巡视巡察整改要求积极主动落实。

【纪法依据】

《中国共产党纪律处分条例》第六十二条规定，干扰巡视巡察工作或者不落实巡视巡察整改要求，对直接责任者和领导责任者，情节较轻的，给予警告或者严重警告处分；情节较重的，给予撤销党内职务或者留党察看处分；情节严重的，给予开除党籍处分。

《中国共产党问责条例》第七条第（八）项规定，党组织、党的领导干部违反党章和其他党内法规，不履行或者不正确履行职责，领导巡视巡察工作不力，落实巡视巡察整改要求走过场、不到位，该问责不问责，造成严重后果的，应当予以问责。

7. 不得对抗组织审查

将对抗组织审查行为列为独立的违反政治纪律的行为，贯彻了全面从严治党的要求，凸显了党纪特色。我们党作为马克思主义执政党，要求每一名党员在任何时候都必须对党忠诚老实，尤其是在接受党组织审查期间，要积极主动地向组织如实坦白交代，积极协助组织及时查清事实，决不允许有串供、伪造证据、隐匿证据、阻止他人揭发检举、包庇同案人员、提供虚假情况、掩盖事实等对抗组织审查行为，这既是党员的义务，也是党员必须遵守的纪律。我们党一贯坚持惩前毖后、治病救人的方针，从爱护干部出发进行审查工作。如果没有问题，组织审查清楚，还以清白，以正视听。如果有问题，审查也是教育警醒的过程，接受处理是唯一的选择。如果是他人的问题，更没有必要包庇他人，甚至作伪证掩盖事实。假如牵涉自己的利益，在组织面前，也要积极配合，否则只会加重处理。

【纪法依据】

《中国共产党纪律处分条例》第六十三条规定，对抗组织审查，有下列行为之一的，给予警告或者严重警告处分；情节较重的，给予撤销党内职务或者留党察看处分；情节严重的，给予开除党籍处分：（一）串供或者伪造、销毁、转移、隐匿证据；（二）阻止他人揭发检举、提供证据材料；（三）包庇同案人员；（四）向组织提供虚假情况，掩盖事实；（五）其他对抗组织审查行为。

8. 不要搞“形象工程”“政绩工程”

一些地方热衷于打造领导“可视范围”内的项目工程，而不考虑客观实际，“不怕群众不满意，就怕领导不注意”。领导干部要求真务实、真抓实干，做工作自觉从人民利益出发，决不能为了树立个人形象，搞华而不实、劳民伤财的“形象工程”“政绩工程”。所谓铺摊子、上项目实际上是平时群众指责的“形象工程”“政绩工程”，这些工程脱离实际，不顾发展的可持续性，竭泽而渔，多数是劳民伤财的，老百姓没有得到实惠，只是让少数领导干部急功近利，获取政治荣誉，如嘉奖、立功、荣誉称号以及各种利益，以达到个人升迁或沽名钓誉的目的。各级党组织、党员干部要克服不正确的政绩观，消除浮躁情绪，尊重人民群众意愿。抓工作、搞建设一定要了解关注民情，发展规划要符合当地实际情况，而不是凭个人意气得失行事，真正做到为官一任、造福一方。

【纪法依据】

《关于新形势下党内政治生活的若干准则》规定，对一切搞劳民伤财的“形象工程”和“政绩工程”的行为，要严肃问责追责，依纪依法处理。

《中国共产党纪律处分条例》第五十七条规定，党员领导干部政绩观错位，违背新发展理念、背离高质量发展要求，给党、国家和人民利益造成较大损失的，给予警告或者严重警告处分；情节较重的，给予撤销党内职务或者留党察看处分；情节严重的，给予开除党籍处分。搞劳民伤财的“形象工程”、“政绩工程”的，从重或者加重处分。

9. 拒绝非法集会游行示威活动

不准组织或参加违反政治纪律的集会游行示威活动，是对每名党员干部的基本要求。所谓的集会、游行、示威等活动，只是形式，更应看其内容。如果该集会、游行、示威活动所表达的意愿是反对党和国家的，或者反对党的基本理论、基本路线、基本方略和重大方针政策的，就是党纪国法严肃禁止的。此外，以组织讲座、论坛、报告会、座谈会等方式表达上述内容的，也同样是禁止的。党员干部、公职人员，必须自觉维护党和国家的形象以及执政权威，维护国家的安全、统一，维护社会稳定，这是政治纪律。

从法律程序看，除法律规定不需申请的以外，还强调一个申请许可的问题。如果有下列情形之一的，不予许可：（1）反对宪法所确定的基本原则的；（2）危害国家统一、主权和领土完整的；（3）煽动民族分裂的；（4）有充分根据认定申请举行的集会、游行、示威将直接危害公共安全或者严重破坏社会秩序的。

⚖【纪法依据】

《中华人民共和国公务员法》第五十九条第（一）项规定，公务员不得散布有损宪法权威、中国共产党和国家声誉的言论，组织或者参加旨在反对宪法、中国共产党领导和国家的集会、游行、示威等活动。

《中华人民共和国公职人员政务处分法》第二十八条规定，对“参加旨在反对宪法、中国共产党领导和国家的集会、游行、示威等活动”的公职人员予以处分；情节较重的，予以降级或者撤职；情节严重的，予以开除；对策划者、组织者和骨干分子，予以开除。

《中华人民共和国集会游行示威法》第二十六条规定，举行集会、游行、示威，不得违反治安管理法规，不得进行犯罪活动或者煽动犯罪。

《中国共产党纪律处分条例》第六十四条规定，组织、参加反对党的基本理论、基本路线、基本方略或者重大方针政策的集会、游行、示威等活动的，或者以组织讲座、论坛、报告会、座谈会等方式，反对党的基本理论、基本路线、基本方略或者重大方针政策，造成严重不良影响的，对策划者、组织者和骨干分子，给予开除党籍处分。对其他参加人员或者以提供信息、资料、财物、场地等方式支持上述活动者，情节较轻的，给予警告或者严重警告处分；情节较重的，给予撤销党内职务或者留党察看处分；情节严重的，给予开除党籍处分。对不明真相被裹挟参加，经批评教育后确有悔改表现的，可以免予处分或者不予处分。未经组织批准参加其他集会、游行、示威等活动，情节较轻的，给予警告或者严重警告处分；情节较重的，给予撤销党内职务或者留党察看处分；情节严重的，给予开除党籍处分。

《行政机关公务员处分条例》第十八条规定，公务员散布有损国家声誉的言论，组织或者参加旨在反对国家的集会、游行、示威等活动的，给予处分；情节严重的，开除公职。属于不明真相被裹挟参加，经批评教育后确有悔改表现的，减轻或者免予处分。

10. 拒绝非法组织活动

不符合法律规定，没有经过社团登记机关审批而擅自成立的组织都是非法组织，应该取缔。在非法组织中，对于妄图反对党的领导、反对社会主义制度、敌视政府和危害国家安全的，必须坚决打击。有的组织虽然经过社团登记机关批准，但从事法律所禁止的活动的，也必须坚决惩治。在执纪执法实践中，重点打击惩治策划者、组织者和骨干分子。对其他参加人员的处理，也分积极参加和一般参加两种情况，明知非法仍热衷于加入其组织的，视为积极参加，要给予处分。作为年轻干部，要坚定立场，不能策划、组织、热衷参加非法组织活动；要擦亮眼睛，辨别组织的性质，切勿迷失方向、随波逐流。

【纪法依据】

《中华人民共和国国家安全法》第七十八条规定，机关、人民团体、企事业单位组织和其他社会组织应当对本单位的人员进行维护国家安全的教育，动员、组织本单位的人员防范、制止危害国家安全的行为。

《中华人民共和国公职人员政务处分法》第二十八条规定，对“参加非法组织、非法活动”的公职人员予以处分；情节较重的，予以降级或者撤职；情节严重的，予以开除；对策划者、组织者和骨干分子，予以开除。

《中国共产党纪律处分条例》第六十五条规定，组织、参加旨在反对党的领导、反对社会主义制度或者敌视政府等组织的，对策划者、组织者和骨干分子，给予开除党籍处分。对其他参加人员，情节较轻的，给予警告或者严重警告处分；情节较重的，给予撤销党内职务或者留党察看处分；情节严重的，给予开除党籍处分。

《行政机关公务员处分条例》第十八条规定，组织或者参加非法组织，组织或者参加罢工的，给予记大过处分；情节较重的，给予降级或者撤职处分；情节严重的，给予开除处分。属于不明真相被裹挟参加，经批评教育后确有悔改表现的，可以减轻或者免予处分。

11. 切莫利用宗族势力对抗党和政府

宗族指的是同一父系的家族及其家族成员。几千年来，宗族及其形成的宗法制度，作为维系和调整人们之间社会关系的重要力量，对我国农村和基层社区的影响是极其深远的，根植在人们深层意识的宗族观念和宗法思想很顽固。在农村和基层社区，少数人组织、利用宗族势力对抗党和政府，或者利用宗族利益制造群体性事件，或者制造宗族矛盾破坏社会稳定，妨碍党和国家的方针政策以及法律、法规的贯彻实施，影响基层政权建设和正常管理，对政权建设造成危害。特别是有些党员干部、公职人员也参与其中，成为宗族势力的领头人物，在社会上造成了很坏的影响，必须引起高度警觉。

【纪法依据】

《中华人民共和国公职人员政务处分法》第三十七条规定，“利用宗族或者黑恶势力等欺压群众，或者纵容、包庇黑恶势力活动”的公职人员予以撤职；情节严重的，开除公职。

《中国共产党纪律处分条例》第七十一条规定，组织、利用宗族势力对抗党和政府，妨碍党和国家的方针政策以及决策部署的实施，或者破坏党的基层组织建设的，对策划者、组织者和骨干分子，给予开除党籍处分。对其他参加人员，给予撤销党内职务或者留党察看处分；情节严重的，给予开除党籍处分。对不明真相被裹挟参加，经批评教育后确有悔改表现的，可以免予处分或者不予处分。

12. 不得申请政治避难和叛逃国（境）外

现实中，个别共产党员以所谓的“政治原因”为借口，逃往国（境）外、外国驻华使（领）馆，申请取得居留权并居住在国（境）外或者外国驻华使（领）馆，这种行为属于政治避难，是绝对不允许的。除此之外，还有两种情况也同样会受到开除党籍的处分。一是党员违纪违法后，为逃避纪律追究和国家法律制裁，潜逃到国（境）外或者外国驻华使（领）馆的行为；二是在国（境）外公开发表反对党和政府的言论的行为。对提供有助于某些人叛逃的各种有利条件的行为，亦分别给予处理。

⚖【纪法依据】

《中华人民共和国刑法》第一百零九条规定，“国家机关工作人员在履行公务期间，擅离岗位，叛逃境外或者在境外叛逃的”，依法定罪处罚。属掌握国家秘密的国家工作人员犯上述罪的，依法从重处罚。

《中国共产党纪律处分条例》第七十二条规定，在国（境）外、外国驻华使（领）馆申请政治避难，或者违纪后逃往国（境）外、外国驻华使（领）馆的，给予开除党籍处分。在国（境）外公开发表反对党和政府的文章、演说、宣言、声明等的，依照前款规定处理。故意为上述行为提供方便条件的，给予留党察看或者开除党籍处分。

二、组织人事方面

1. 党政领导干部不要在企业兼职

党员干部、公职人员在各类经济实体中兼职，必然使一些经济实体政企不分、官商不分、公私不分，使得某些党和国家机关工作人员有可能利用职权或者工作之便，通过兼职化公为私、损公肥私、以权谋私、权钱交易。同时，领导干部参与企业经营活动也会导致企业间的不平等竞争，扰乱市场秩序，妨碍改革和经济建设。党员干部、公职人员违规到企事业单位任职，不仅违反廉洁纪律，还容易滋生腐败问题，为权力寻租提供“过墙梯”。近年来，党员干部、公职人员兼职取酬的现象并不鲜见，一些人一边领着国家发放的工资，一边拿着企业优厚的酬劳，在本职与兼职中穿梭，妄图“权”“利”双收。对此，无论是党内法规还是国家法律，都作出了严格规定，传递出明确信号：当官发财，应当两道。违规兼职之所以屡禁不止，最直接的“动力”即为利益驱使，不少官员将兼职当成增收的“钱袋子”，不加收敛地领取各种名目的报酬。“为官发财，应当两道”，这应该成为一个共识。想要两头占，必然两头空。违规兼职的，应主动向组织交代，退还所获。

【纪法依据】

《中华人民共和国公务员法》第五十九条第（十六）项规定，公务员不得违反有关规定从事或者参与营利性活动，在企业或者其他营利性组织中兼任职务。

《中华人民共和国公职人员政务处分法》第三十三条第

二款规定，拒不按照规定纠正特定关系人违规任职、兼职或者从事经营活动，且不服从职务调整的，予以撤职。

《中国共产党纪律处分条例》第一百零三条第三款规定，违反有关规定在经济组织、社会组织等单位中兼职，或者经批准兼职但获取薪酬、奖金、津贴等额外利益的，情节较轻的，给予警告或者严重警告处分；情节较重的，给予撤销党内职务或者留党察看处分；情节严重的，给予开除党籍处分。

《关于进一步规范党政领导干部在企业兼职（任职）问题的意见》规定，现职和不担任现职但未办理退（离）休手续的党政领导干部不得在企业兼职（任职）。

《行政机关公务员处分条例》第二十七条规定，公务员“在企业或者其他营利性组织中兼任职务的”，给予处分；情节严重的，开除公职。

2. 不得组织、参加自发成立的老乡会、校友会、战友会之类的组织

党纪处分条例对组织、参加自发成立的老乡会、校友会、战友会之类的组织行为设定了相应处分条款，主要是针对一些党员领导干部热衷于参加各种老乡会、校友会、战友会等，搞拉拉扯扯，搞利益交换等。党纪之所以严禁党员领导干部组织、参加自发成立的老乡会、校友会、战友会等，说到底是因为这些自发成立的“会”，容易从联谊活动开始，逐步演变成小团伙、小帮派、小圈子，形成休戚与共的利益共同体，相互搞利益交换和输送，损害党的凝聚力和战斗力，严重危害党的团结统一。因此，对组织、参加各种违规自发成立的老乡会、校友会、战友会等，情节严重的，必须给予党纪

惩戒，防止小节失管终酿大错。这里有三点需要明确：一是条文禁止的是“自发成立”的组织，指的是未经民政部门登记注册的民间社团，不得参加。二是领导干部如果参加其他正当组织，要遵纪守法。三是党员领导干部参加正常范围内的聚会，进行健康文明、积极向上的人际交往，并不违反党的纪律。值得注意的是，领导干部参加老乡、校友、战友之间的各种联谊类活动，不得借机编织“关系网”，搞亲亲疏疏、团团伙伙，更不得有“结盟”“金兰结义”等行为。党员领导干部违反上述规定行为的，党组织要及时进行批评教育，促其改正；对违背组织原则，情节严重的，要给予党纪处分。

【纪法依据】

《中国共产党纪律处分条例》第八十二条规定，党员领导干部违反有关规定组织、参加自发成立的老乡会、校友会、战友会等，情节严重的，给予警告、严重警告或者撤销党内职务处分。

《中共中央纪委、中共中央组织部、总政治部关于领导干部不得参加自发成立的“老乡会”、“校友会”、“战友会”组织的通知》规定，一、领导干部不得参加自发成立（未经民政部门登记注册）的老乡、校友、战友之间的各种联谊会之类的组织，不得担当这类联谊会的发起人和组织者，不得在这类联谊会中担任相应职务。已经参加的，必须退出；已经担任职务的，必须辞去。二、在职领导干部、特别是党员领导干部，由于统战工作等特殊情况，需要参加在各级民政部门登记注册的“三会”组织或者继续留任的，要按照干部管理权限审批。三、领导干部参加老乡、校友、战友之间的各种联谊类活动，要坚持党的原则，遵守党的纪律和国家有关法律，倡导健康文明、积极向上的人际交往。四、领导干部参加老乡、校友、战友之间的各种联谊类活动，不得借机编织“关系网”，搞亲亲疏疏，团团伙伙，更不得有“结盟”“金兰结义”等行为。五、领导干部不得利用职权用公款为此类组织和活动提供赞助，不得用公款报销此类活动经费。六、领导干部要把违反规定参加老乡、校友、战友之间的各种联谊类活动的情况，作为廉洁自律的内容，严格自查自纠。七、组织上发现领导干部在参加“三会”组织和老乡、校友、战友之间的各种联谊类活动中有违反规定行为的，要及时进行批评教育，促其改正；对违背组织原则，情节严重的，要给予党纪政务处分……国有企事业单位的各级领导干部遵照以上规定执行。

3. 能上能下工作中不能搞好人主义

“好人主义”就是没有原则，不分善恶，是对错误思想和行为的容忍，掩盖真相、回避矛盾，放弃批评，取消积极的思想斗争，这是党内生活不正常的表现。真正的好党员、好干部，在党的原则面前绝不妥协，在是非对错面前绝不含糊。在推进干部“能上能下”工作中，更不能搞好人主义，因为能上能下的重点和难点是解决“能下”的问题，如果在“能下”问题上搞好人主义，就很难让“能下”真正的落实落地。制度的生命力在于执行。推进干部能上能下，关键在于让“下”成常态。对党员和各级党组织来说，确保能上能下发挥制度设计应有的效果，就必须克服“好人主义”等思维偏差，以坚定的政治担当，从事业进步发展的高度选贤任能，实现人岗相宜、人尽其才，最大程度优化干部队伍结构、增强整体功能。

【纪法依据】

《中国共产党纪律处分条例》第八十五条规定，在推进领导干部能上能下工作中，搞好人主义，有下列行为之一，对直接责任者和领导责任者，情节较重的，给予警告或者严重警告处分；情节严重的，给予撤销党内职务或者留党察看处分：（一）以党纪政务等处分规避组织调整；（二）以组织调整代替党纪政务等处分；（三）其他避重就轻作出处理行为。

《推进领导干部能上能下规定》第十四条规定，严明推进领导干部能上能下工作纪律，不得搞好人主义，不得避重就轻、以党纪政务处分规避组织调整或者以组织调整代替党纪政务处分，不得借机打击报复。

4. 切忌侵犯表决权、选举权和被选举权

表决权、选举权和被选举权是党员参与党内政治生活的重要途径。党章第四条规定，“行使表决权、选举权，有被选举权”是党员的基本权利之一，并且明确规定“党的任何一级组织直至中央都无权剥夺党员的上述权利”。党的任何组织和任何党员不得以任何方式妨碍党员在党内自主行使选举权和被选举权，不得阻挠有选举权和被选举权的人到场，不得强迫选举人选举或者不选举某个人，不得搞非组织活动妨碍选举。任何侵犯党员表决权、选举权、被选举权的行为，都是对党员权利的侵犯，都是对党内选举制度的践踏，都是对党内民主建设的破坏，最终都会使党内正常的政治生活遭到破坏，进而危害党的建设，损害党的领导。因此，对这些行为必须给予纪律严惩。

⚖【纪法依据】

《中华人民共和国全国人民代表大会和地方各级人民代表大会选举法》第五十八条第一款第（二）、第（三）、第（四）项规定，以暴力、威胁、欺骗或者其他非法手段妨害选民和代表自由行使选举权和被选举权；伪造选举文件、虚报选举票数或者有其他违法行为；对于控告、检举选举中违法行为的人，或者对于提出要求罢免代表的人进行压制、报复等破坏选举，违反治安管理规定的，依法给予治安管理处罚；构成犯罪的，依法追究刑事责任。国家工作人员有上述行为的，还应当由监察机关给予政务处分或者由所在机关、单位给予处分。

《中国共产党党员权利保障条例》第二十九条第二款规定，党的任何组织和任何党员不得以任何方式妨碍党员在党内自主行使选举权和被选举权，不得阻挠有选举权和被选举权的人到场，不得以任何方式追查选举人的投票意向。

《中国共产党纪律处分条例》第八十七条规定，侵犯党员的表决权、选举权和被选举权，情节较重的，给予警告或者严重警告处分；情节严重的，给予撤销党内职务处分。以强迫、威胁、欺骗、拉拢等手段，妨害党员自主行使表决权、选举权和被选举权的，给予撤销党内职务、留党察看或者开除党籍处分。

《行政机关公务员处分条例》第十八条规定，公务员“以暴力、威胁、贿赂、欺骗等手段，破坏选举的”，给予处分；情节严重的，开除公职。

5. 切忌侵犯批评权、检举权、控告权、申辩权、辩护权、申诉权和作证权

党员权利是党章赋予党员参与党内政治生活的基本权利，任何个人和组织都无权剥夺，任何侵犯党员权利的行为都是党的纪律所不允许的，尤其是党员的批评权、检举权、控告权、申辩权、辩护权、申诉权、作证权等监督权利，更应当严格受到保障。作为党员干部、公职人员，绝对不能对批评、检举、控告进行阻挠、压制，以及从自己的好恶出发作不正确的处理。具体包括以下几种情形：（1）阻止党员、公民进行批评、检举、控告，或者对批评人、检举人、控告人进行刁难，甚至追查，属于阻挠、压制行为；（2）将批评、检举、控告、申诉材料扣留，不予办理，属于扣压行为；（3）将批评、检举、控告、申诉材料烧毁或者采取其他办法予以毁灭，属于销毁行为；（4）使被批评人、被检举人、被控告人知悉批评、检举、控告的事实或内容，属于泄露行为；（5）利用职务及其影响，通过制造种种理由和借口，使依法行使自己批评权、检举权、控告权，依法履行执纪执法职责的党员、公民的人身权利、民主权利、财产权利及其他合法权益受到侵犯，属于打击报复行为。这些都在禁止之列。

关于不准压制党员的申辩、辩护、申诉、作证等权利的规定，是保障党员合法权益的一条纪律。这里需要分清几种情形：（1）在党组织、行政机关讨论决定对党员的党纪处分和对工作人员的行政处分、作出鉴定或者对违纪违法行为进行调查时，被调查处分对象所作的申明和辩解，属于申辩；（2）在党组织讨论决定对党员的党纪处分或者作出鉴定时，其他党员所作的对被讨论的党员有利的证言和辩解；或者在刑事诉讼中，被告人或者其委托的辩护人提出的证明被告人无罪、罪轻或者减轻、免除其刑事责任的材料和意见，属于辩护；（3）党员或者公民对自己所受的处分或者处理不服时，向原处理机关或者

上级机关提出的要求予以公正处理的意见，或者代表被处分、处理的人向原处理机关或者上级机关提出要求予以公正处理的意见，属于申诉；（4）党员或者公民就自己所了解的某种情况，向司法机关、纪检监察机关或者其他组织提供证言、作出证明，属于作证。由于对党员或者公民的申辩、辩护、申诉、作证进行压制，致使无辜的人受到追究，造成申辩人、辩护人、申诉人、作证人的精神失常，造成闹事、罢工、罢课或者其他重大事件等，属于造成不良后果。

【纪法依据】

《中华人民共和国刑法》第二百五十四条规定，“国家机关工作人员滥用职权、假公济私，对控告人、申诉人、批评人、举报人实行报复陷害的”，依法定罪处罚。

《中国共产党党员权利保障条例》第三十五条规定，党员实事求是的申辩、作证和辩护，应当受到保护。

《中华人民共和国公务员法》第五十九条第（六）项规定，公务员不得对批评、申诉、控告、检举进行压制或者打击报复。

《信访工作条例》第四十六条规定，有关机关、单位及其领导干部、工作人员将信访人的检举、揭发材料或者有关情况透露、转给被检举、揭发的人员或者单位，由其上级机关、单位责令改正；造成严重后果的，对直接负责的主管人员和其他直接责任人员依规依纪依法严肃处理；构成犯罪的，依法追究刑事责任。

《中国共产党章程》第四条规定，党员享有“对党的工作提出建议和倡议；在党的会议上有根据地批评党的任何组织和任何党员，向党负责地揭发、检举党的任何组织和任何党员违法乱纪的事实，要求处分违法乱纪的党员，要求罢免或撤换不称职的干部；在党组织讨论决定对党员的党纪处分或作出鉴定时，本人有权参加和进行申辩，其他党员可以为他作证和辩护；向党的上级组织直至中央提出请求、申诉和控告，并要求有关组织给以负责的答复”的权利。党的任何一级组织直至中央都无权剥夺党员的上述权利。

《中国共产党纪律处分条例》第八十八条规定，有下列行为之一的，对直接责任者和领导责任者，给予警告或者严重警告处分；情节较重的，给予撤销党内职务或者留党察看处分；情节严重的，给予开除党籍处分：（一）对批评、检举、控告进行阻挠、压制，或者将批评、检举、控告材料私自扣压、销毁，或者故意将其泄露给他人；（二）对党员的申辩、辩护、作证等进行压制，造成不良后果；（三）压制党员申诉，造成不良后果，或者不按照有关规定处理党员申诉；（四）其他侵犯党员权利行为，造成不良后果。对批评人、检举人、控告人、证人及其他人员打击报复的，从重或者加重处分。

《行政机关公务员处分条例》第二十五条第（二）项规定，公务员有“压制批评，打击报复，扣压、销毁举报信件，或者向被举报人透露举报情况的”，给予处分；情节严重的，开除公职。

6. 不要违规出国（境）和违规获取国（境）外居留资格

现实中，一些党员干部、公职人员特别是领导干部为出国（境）居留作准备，背着组织，避开正规审查，违反规定办理获取了相关证件。这种行为本身就是违反组织原则的，而且多数动机不良，产生的后果会很严重。未经批准出入国（边）境行为的特征有：行为人是党员或者公职人员；未向组织履行完整、合规的请示报批手续而擅自出入国（边）境，也包括一些没有正规手续的边境跨国旅游；其行为是故意的。《行政机关公务员处分条例》提到的非法出境问题，包括违反国家出入国（边）境管理法规，不履行必要的手续，不通过规定的口岸、关卡而私自出入国（边）境，或者虽然经过规定的口岸、关卡，但以伪造证件等非法手段出入国（边）境的，都属非法出境行为。是否构成违纪关键要看有没有“违反规定办理、取得、获取”、有没有经过“批准”。年轻干部如果确有必要出国（境）居留，必须走正规程序报批。如果非法出境，或滞留境外不归的，会受到相应党纪政务处分。

尤其要说明的是，如果党员领导干部想申请移居国（境）外，必须根据有关规定，辞去现职或者办理离退休手续，并经过规定的年限，才可以提出申请。

【纪法依据】

《中华人民共和国公职人员政务处分法》第三十一条规定，违反规定出境或者办理因私出境证件的，予以处分；情节严重的，予以降级或者撤职。违反规定取得外国国籍或者获取境外永久居留资格、长期居留许可的，予以撤职或者开除。

《中华人民共和国出境入境管理法》第七十一条第一款第（一）项规定，对持用伪造、变造、骗取的出境入境证件出境入境的，依照规定处罚。

《中国共产党纪律处分条例》第九十条规定，违反有关规定取得外国国籍或者获取国（境）外永久居留资格、长期居留许可的，给予撤销党内职务、留党察看或者开除党籍处分。第九十一条规定，违反有关规定办理因私出国（境）证件、前往港澳通行证，或者未经批准出入国（边）境，情节较轻的，给予警告或者严重警告处分；情节较重的，给予撤销党内职务或者留党察看处分；情节严重的，给予开除党籍处分。虽经批准因私出国（境）但存在擅自变更路线、无正当理由超期未归等超出批准范围出国（境）行为，情节较重的，给予警告或者严重警告处分；情节严重的，给予撤销党内职务处分。

《行政机关公务员处分条例》第十八条第一款第（六）项规定，公务员"非法出境，或者违反规定滞留境外不归的"，给予处分；情节严重的，开除公职。

《关于进一步加强党员干部出国（境）管理的通知》第二条规定，对因私出国（境）党员干部进行严格审查。党员干部因私出国（境），要按照干部管理权限，严格履行审批手续。各地区、各部门不得擅自或变相下放审批权限。对法律规定不准出境和涉嫌严重违纪违法的党员干部，不得批准其出国（境）。

7. 驻外和出访人员不要擅自脱离组织

擅自脱离组织是典型的无组织无纪律的表现，会受到党纪责任追究。党员干部、公职人员要心存敬畏，自觉接受组织的监督管理，真正做到相信组织、依靠组织，跟着组织走。年轻干部要时刻心系组织，与组织交心，接受组织的监督管理。对个别党员干部、公职人员擅自脱离组织，事前不向驻外机构和临时出国（境）团组的负责人或党组织请示报告，未经批准独自外出，单独行动，事后又不向驻外机构和临时出国（境）团组负责人或党组织汇报等行动失控的行为，要给予处分。

“脱离组织”，主要是指脱离驻外机构或者临时出国（境）团（组）。“出走”，主要是指未经组织批准，私自外出不归或者超过规定期限滞留国外、境外不归的行为。“擅自脱离组织”，主要是指事前不向驻外机构或者临时出国（境）团（组）的党组织或者负责人请示报告，未经批准独自外出，单独行动，组织不知道其去向和所作所为。行为主体是“驻外机构或者临时出国（境）团（组）中的党员”和“从事外事、机要、军事等工作的党员”。本条没有情节要求，只要有相应行为即给予党纪处分。“提供方便条件”，主要是指故意为脱离组织出走人员提供达到出走目的所需要的各种有利条件和帮助，比如，为其开具证明、代办护照、签证，帮助购买车船机票，提供经济帮助，提供落脚点，协助其出走，为其提供信息等。

脱离组织出走的行为有三种情况：一是自未经批准私自出走之日起出走不满六个月，后来又主动回到原所在的驻外机构或临时出国（境）团（组），或者回到其他驻外机构或部门或回国，并表示愿意回归组织，这属于脱离组织迟归行为；二是脱离组织出走超过六个月，属脱离组织不归行为；三是为脱离组织出走人员提供方便的，如收留居住、经济资助等。

【纪法依据】

《中国共产党纪律处分条例》第九十二条规定，驻外机构或者临时出国（境）团（组）中的党员擅自脱离组织，或者从事外事、机要、军事等工作的党员违反有关规定同国（境）外机构、人员联系和交往的，给予警告、严重警告或者撤销党内职务处分。第九十三条规定，驻外机构或者临时出国（境）团（组）中的党员，脱离组织出走时间不满六个月又自动回归的，给予撤销党内职务或者留党察看处分；脱离组织出走时间超过六个月的，按照自行脱党处理，党内予以除名。

故意为他人脱离组织出走提供方便条件的，给予警告、严重警告或者撤销党内职务处分。

8. 不要违反出国（境）证件的管理

出国护照、出境证件，是公民在国（境）外的身份凭证，应该善加保管。对党员干部而言，不论其因公或者因私出国（境），所持的护照或出境证件，都应该按照有关规定进行管理。但是，个别党员干部组织纪律观念不强，或以个人私事为借口，不执行管理规定。常见的是其出国（境）回来后，不愿把出国护照或出境证件交由指定部门统一保管。这些行为不是小事，年轻干部要遵守相关规定。因公出国（境）证件交由发证机关指定的部门统一保管或注销；因私出国（境）证件交由所在单位组织人事部门集中保管。单位应加强管理，建立出国（境）证照专人负责制和护照使用登记保管制度，并严格按制度办事，防止违规行为的发生。

【纪法依据】

《关于进一步加强党员干部出国（境）管理的通知》第三条规定，切实做好出国（境）证件的管理工作。（一）因公出国（境）的党员干部，应在回国（境）后15天内，将所持因公出国（境）证件交由发证机关指定的部门统一保管或注销。对拒不执行规定的，吊销其所持证件；（二）党员干部申领因私护照或往来港澳通行证后，以及每次因私出国（境）前，要向所在单位组织人事部门报告并登记；各单位的领导干部，要按照干部管理权限向上一级组织人事部门报告并登记；（三）因私出国（境）的国家机关登记备案人员，应在回国（境）后10天内，将所持因私出国（境）

证件交由所在单位组织人事部门集中保管；（四）各单位要建立出国（境）证照专人负责制和护照使用登记保管制度；（五）党员干部办理外国长期居留证、前往港澳通行证、香港和澳门永久性居民身份证，县（处）级以上党员干部的配偶出国定居或办理上述证件的，要严格执行中办发〔1999〕23号文件的有关规定。

三、廉洁方面

1. 切莫滥用职权、谋取私利

亲情再深亦应有度，家庭利益、亲人利益再高，也绝不能超越党和人民的利益，绝不能突破法律与道德的底线。党员干部、公职人员特别是党员领导干部能否做到廉洁自律，其对亲属及身边工作人员的态度就是试金石。

党员干部、公职人员本人或者亲属、身边工作人员及其特定关系人非法牟取利益的主要表现有以下几个方面：（1）亲属和其他特定关系人利用本人职权和职务上的影响力收受对方财物；（2）围绕着亲属、身边工作人员和其他特定关系人搞权权交易；（3）纵容、默许亲属、身边工作人员和其他特定关系人利用本人职权和职务上的影响力谋取私利；（4）利用本人职权之便帮助亲属和其他特定关系人经商办企业谋利；（5）不纠正亲属违规从业；（6）对亲属失管失教。

现实生活中，上述行为有许多表现形式。比如，要求或者指使提拔亲属及身边工作人员；用公款支付亲属各种私人费用，为亲属出国（境）定居、留学、探亲等向个人或者机构索取资助；妨碍涉及亲属及身边工作人员案件的调查处理；利用职务之便，为他人谋取利益，让亲属及其他特定关系人收受对方财物；默许、纵容、授意亲属以及身边工作人员以本人名义谋取私利；为亲属经商、办企业提供便利条件，或者相互之间利用职权互为对方亲属经商、办企业提供便利条件；亲属不实际工作而获取薪酬或者虽实际工作但领取明显超出同职级标准薪酬；允许、纵容亲属在本人管辖的地区和业务范围内个人从事可能与公共利益发生冲突的经商、办企业、社会中介服务等活动；

在本人管辖的地区和业务范围内的外商独资企业或中外合资企业担任由外方委派、聘任的高级职务或违规任职、兼职取酬；允许、纵容亲属在异地工商注册登记后，到本人管辖的地区和业务范围内从事可能与公共利益发生冲突的经商、办企业活动等。这些行为都是党纪国法所不允许的。

【纪法依据】

《中华人民共和国公职人员政务处分法》第三十三条规定，“利用职权或者职务上的影响为本人或者他人谋取私利的”或者“纵容、默许特定关系人利用本人职权或者职务上的影响谋取私利的”，予以警告、记过或者记大过；情节较重的，予以降级或者撤职；情节严重的，予以开除。

《中国共产党纪律处分条例》第九十四条规定，党员干部必须正确行使人民赋予的权力，清正廉洁，反对特权思想和特权现象，反对任何滥用职权、谋求私利的行为。利用职权或者职务上的影响为他人谋取利益，本人的配偶、子女及其配偶等亲属和其他特定关系人收受对方财物，情节较重的，给予警告或者严重警告处分；情节严重的，给予撤销党内职务、留党察看或者开除党籍处分。第九十五条规定，相互利用职权或者职务上的影响为对方及其配偶、子女及其配偶等亲属、身边工作人员和其他特定关系人谋取利益搞权权交易的，给予警告或者严重警告处分；情节较重的，给予撤销党内职务或者留党察看处分；情节严重的，给予开除党籍处分。第九十六条规定，纵容、默许配偶、子女及其配偶等亲属、身边工作人员和其他特定关系人利用党员干部本人职权或者职务上的影响谋取私利，情节较轻的，给予警告或者严重警告处分；情节较重的，给予撤销党内职务或者留党察看处分；情节严重的，给予开除党籍处分。党员干部的配偶、子女及其配偶等亲属和其他特定关系人不实际工作而获取薪酬或者虽实际工作但领取明显超出同职级标准薪酬，党员干部知情未予纠正的，依照前款规定处理。第一百零四条规定，利用职权或者职务上的影响，为配偶、子女及其配偶等亲属和其他特定关系人在审批监管、资源开发、金融信贷、大宗采购、土地使用权出让、房地产开发、工程招投标以及公共财政收支等方面谋取利益，情节较轻的，给予警告或者严重警告处分；情节较重的，给予撤销党内职务或者留党察看处分；情节严重的，给予开除党籍处分。利用职权或者职务上的影响，为配偶、子女及其配偶等亲属和其他特定关系人吸收存款、推销金融产品、经营名贵特产类特殊资源等提供帮助谋取利益的，依照前款规定处理。第一百零七条规定，党员领导干部的配偶、子女及其配偶，违反有关规定在该党员领导干部管辖的地区和业务范围内从事可能影响其公正执行公务的经营活动，或者有其他违反经商办企业禁业规定行为的，该党员领导干部应当按照规定予以纠正；拒不纠正的，其本人应当辞去现任职务或者由组织予以调整职务；不辞去现任职务或者不服从组织调整职务的，给予撤销党内职务处分。

2. 不能在婚丧喜庆事宜中借机敛财

婚丧喜庆事宜本是日常生活中的人之常情，但有些领导干部利用职权或者职务上的影响大操大办婚丧喜庆事宜，在社会上造成了较为恶劣的影响，不仅影响正常工作，甚至有的还成为借机敛财的手段。“婚丧喜庆事宜”主要包括生儿育女、结婚嫁娶、悼亡发丧、落成开业、庆祝生日、乔迁新居、子女升学、庆典贺礼等各类喜事、丧事。在利用职权或者职务上的影响举办“婚丧喜庆事宜”过程中，只要有“借机敛财”的现象，不管收了多少钱，都可以定性为“借机敛财”，都是违纪行为。

“在社会上造成不良影响”，要根据当地经济发展、人民生活水平、风俗习惯、当时当地情况条件、群众反映和社会影响等许多因素综合分析判断。常见的不良影响的有以下几种：一是利用职权为婚丧喜庆事宜大摆宴席或者以其他形式大量请客，铺张浪费；二是借婚丧喜庆之机收受较多钱物，侵犯群众利益；三是讲排场，比阔气，造声势，婚丧喜庆事宜规模超过当地正常水平和当地群众心理承受限度；四是借婚丧喜庆之机大搞迷信、宗族及宗教活动，或者沿用早应破除的陈规陋习，造成不良影响；五是为活人造墓修坟，造成不良影响；六是为死者大造坟墓，铺张浪费，超过当地正常水平；七是因大办婚丧喜庆事宜，干扰和妨碍正常的生产、生活、工作、营业、教学、科研、交通秩序和其他正常秩序；八是因大办婚丧喜庆事宜，造成人员伤亡或其他重大事故。以上这些情形应引起高度警惕。

【纪法依据】

《中国共产党纪律处分条例》第一百条规定，利用职权或者职务上的影响操办婚丧喜庆事宜，造成不良影响的，给予警告或者严重警告处分；情节严重的，给予撤销党内职务处分；借机敛财或者有其他侵犯国家、集体和人民利益行为的，从重或者加重处分，直至开除党籍。

3. 不要接受可能影响公务的财物

逢年过节，红白喜事，亲戚朋友之间互送财物，表达亲情友情，是正常的礼尚往来。但是，礼品、礼金、消费卡和有价证券、股权、其他金融产品等财物，如果是可能影响公正执行公务的，一定不能收。如果是明显超出正常礼尚往来的，不能收也不能送。党员干部、公职人员一定要清醒认识行为的底线，有两种财物是决不能收的：一种是“可能影响公正执行公务的”，主要是指与执行公务相关联、与公正执行公务相冲突，既包括管理和服务对象所赠，也包括主管范围内的下属单位和个人所赠，还包括其工作业务范围内外商、私营企业主所赠，以及其他与行使职权有关系的单位和个人所赠。例如，下级向上级、工作对象向主管部门工作人员、办理公务过程中向工作人员、向领导干部家属赠送等。另一种是“明显超出正常礼尚往来的”，主要是指明显超出当地经济发展、生活水平、风俗习惯、个人经济能力以及一般的、正常的礼节性的有来有往。如果这些礼品礼金赠送的动因不正常和数额颇大，就应注意。

所谓“财物”，主要包括货币、物品和财产性利益。“财产性利益”包括可以折算为货币的物质利益，如房屋装修、债务免除等，以及需要支付货币的其他利益，如会员服务、旅游等。至于是否可能影响公正执行公务，要根据实际情况由党组织认定，不能依据当事人判断。党员干部和公职人员一定要重视这个问题，严格执行规定，规范自己的行为。见礼更须明理，明理才能拒礼。

【纪法依据】

《中华人民共和国公职人员政务处分法》第三十四条第一款规定，收受可能影响公正行使公权力的礼品、礼金、有价证券等财物的，予以处分；情节较重的，予以降级或者撤职；情节严重的，予以开除。

《中国共产党纪律处分条例》第九十七条规定，收受可能影响公正执行公务的礼品、礼金、消费卡（券）和有价证券、股权、其他金融产品等财物，情节较轻的，给予警告或者严重警告处分；情节较重的，给予撤销党内职务或者留党察看处分；情节严重的，给予开除党籍处分。收受其他明显超出正常礼尚往来的财物的，依照前款规定处理。

《关于各级领导干部接受和赠送现金、有价证券和支付凭证的处分规定》第二条规定，各级领导干部一律不得接受管理和服务的对象，主管范围内的下属单位和个人，外商、私营企业主以及其他与行使职权有关系的单位和个人的现金、有价证券和支付凭证。第五条规定，领导干部的父母、配偶、子女接受与该领导干部行使职权有关系的单位和个人赠送的现金、有价证券和支付凭证，应当追究该领导干部的责任，给予相应的纪律处分。

4. 不要接受或提供宴请和活动安排

请客吃饭，人之常情，正常的宴请和赴宴无可厚非，但是有些人为达到某种目的，采用请客吃饭的方式，拉拢腐蚀党员干部、公职人员，结果这些人吃了人家的嘴软，拿了人家的手短，给人家乱办事、办坏事，最后受到严肃处理。

虽然这种宴请不正常，却屡见不鲜。党员干部、公职人员特别是领导干部必须保持清醒头脑，在接受宴请之前，辨一辨是否属于自己管理和服务的对象或受这些对象委托的人宴请，是否与自己所履行的公务相关，这种赴宴是否会影响自己公正履行公务。如果是，不管是公务交往还是非公务交往，是用公款还是私款宴请，都应予以拒绝。同样性质的旅游、健身、娱乐活动，只要是与执行公务相关联、与公正执行公务相冲突，就一概不能接受，邀请方也不允许提供活动安排。

⚖【纪法依据】

《中华人民共和国公职人员政务处分法》第三十四条第二款规定，接受、提供可能影响公正行使公权力的宴请、旅游、健身、娱乐等活动安排，情节较重的，予以处分；情节严重的，予以降级或者撤职。

《中国共产党纪律处分条例》第一百零一条规定，接受、提供可能影响公正执行公务的宴请或者旅游、健身、娱乐等活动安排，情节较重的，给予警告或者严重警告处分；情节严重的，给予撤销党内职务或者留党察看处分。

5. 不要违规取得、持有、使用消费卡和设立、出入私人会所

一段时期以来，少数党员领导干部沾染上官僚主义、形式主义、享乐主义和奢靡之风，在享乐主义和奢靡之风方面，少数干部利用职务上的影响或者工作上的关系，取得、持有、实际使用运动健身卡、会所和俱乐部会员卡、高尔夫球卡等各种消费卡，或接受管理服务对象邀请的营业性歌舞厅、夜总会等娱乐活动，或出入私人会所，吃喝玩乐，甚至搞权钱交易、权色交易。这些都是严重违反廉洁自律规定的，既破坏党风政风，又带坏社会风气，必须坚决制止。

党员干部腐化变质、违法犯罪，多是从小事小节问题开始的。党中央之所以下大力气狠抓私人会所歪风，关键就在于私人会所容易滋生各类腐败问题，比如公款吃喝、权钱交易等。按照党中央关于全面从严治党和落实中央八项规定精神的要求，严禁违规持有消费卡和出入私人会所行为。“违反有关规定”主要是指违反《关于在党的群众路线教育实践活动中严肃整治“会所中的歪风”的通知》《关于进一步整治“会所中的歪风”的通知》等中央和省级党委

制定的相关制度规定。“消费卡”主要是指能够消费的各种形式的购物卡、消费券、礼券等代币卡。这里要注意的是：如果有规定要求不能取得、持有，即使是正常礼尚往来收到的消费卡，也是违纪行为。

【纪法依据】

《中国共产党纪律处分条例》第一百零二条规定，违反有关规定取得、持有、实际使用运动健身卡、会所和俱乐部会员卡、高尔夫球卡等各种消费卡（券），或者违反有关规定出入私人会所，情节较重的，给予警告或者严重警告处分；情节严重的，给予撤销党内职务或者留党察看处分。

《关于进一步整治“会所中的歪风”的通知》规定，党员领导干部不得出入实行会员制、只有会员才能出入的会所或不向公众开放、只对少数人开放的餐饮服务、休闲娱乐、美容健身等场所。

《关于在党的群众路线教育实践活动中严肃整治“会所中的歪风”的通知》规定，要把整治“会所中的歪风”作为教育实践活动反“四风”的内容，严肃整治。要加强监督执纪，盯住党员领导干部，严肃查处出入私人会所吃喝玩乐等违规违纪行为。党员领导干部要作出承诺：不出入私人会所、不接受和持有私人会所会员卡，自觉接受党组织和人民群众的监督。

《关于中央企业领导人员廉洁自律若干规定的实施办法（试行）》规定，企业领导干部不准在参加健身、娱乐活动中接受与其有关联业务关系的单位和个人及外商、私营企业提供的各种奖励和赞助。

6. 不要违规开会

会议活动腐败一直是群众反映较大的不正之风。党的十八大以来，党中央狠抓作风建设，认真贯彻落实中央八项规定精神，坚持反对和纠正会议活动方面存在的形式主义和奢靡之风，坚决禁止党政机关到风景名胜区召开会议，防止会议活动变成游山玩水，大力压缩、减少举办各类节会和庆典活动，坚决杜绝形式主义和铺张浪费，取得了显著成效，赢得了全党全社会的广泛赞誉。按照要求，各级党政机关应少开会、开短会，召开会议应坚持务实、节俭、高效的原则，讲究会议成本，减少会议开支。既无明确目的又无实质内容的会议，或可开可不开的会议，一律不开。确有必要召开的会议，应严格控制数量、会期和参加会议的人数，或者开视频会。不得以培训名义变相开会，要严格控制各种类型的纪念会、研讨会、表彰会、新闻发布会。此外还要记住，党政机关召开的各类会议，一定不得赠送礼品和纪念品，不得借开会组织旅游娱乐等活动，不得向企事业单位摊派会议费。只有端正会风，才能让各级领导干部从“文山会海”中解脱出来，花更多的时间深入到基层第一线调查了解情况，用更多的精力解决实际问题。不顾禁令，违规召开会议和举办各类节会、庆典活动的，相关人员会被追究责任。

【纪法依据】

《中国共产党纪律处分条例》第一百一十八条第一款第（一）项规定，违反会议活动管理规定“到禁止召开会议的风景名胜区开会”，对直接责任者和领导责任者，情节较重的，给予警告或者严重警告处分；情节严重的，给予撤销党内职务处分。

《党政机关厉行节约反对浪费条例》第三十条规定，党政机关应当精简会议，严格执行会议费开支范围和标准。从严控制会议数量、会期和参会人员规模。完善并严格执行严禁党政机关到风景名胜区开会制度规定。第三十一条规定，会议期间，不得安排宴请，不得组织旅游以及与会议无关的参观活动，不得以任何名义发放纪念品。严禁违规使用会议费购置办公设备，严禁列支公务接待费等与会议无关的任何费用，严禁套取会议资金。第三十二条规定，严禁以培训名义召开会议。

《中央和国家机关会议费管理办法》第二十八条规定，对“计划外召开会议的；以虚报、冒领手段骗取会议费的；虚报会议人数、天数等进行报销的；违规扩大会议费开支范围，擅自提高会议费开支标准的；违规报销与会议无关费用的”，依法依规追究会议举办单位和相关人员的责任。

《关于严禁党政机关到风景名胜区开会的通知》规定，一、各级党政机关一律不得到八达岭—十三陵、承德避暑山庄外八庙、五台山、太湖、普陀山、黄山、九华山、武夷山、庐山、泰山、嵩山、武当山、武陵源（张家界）、白云山、桂林漓江、三亚热带海滨、峨眉山—乐山大佛、九寨沟—黄龙、黄果树、西双版纳、华山21个风景名胜区召开会议，禁止召开会议的区域范围以风景名胜区总体规划确定的核心景区地域范围为准。二、地方各级党政机关的会议一律在本行政区域内召开，不得到其他地区召开……三（略）。四、严禁各级党政机关以召开会议等名义组织公款旅游。严禁在会议费、培训费、接待费中列支风景名胜区等各类旅游景点门票费、导游费、景区内设施使用费、往返景区交通费等应由个人承担的费用。严禁向下级单位以及旅游景区管理部门、接待服务场所、旅游中介公司等单位转嫁上述费用。

严禁违反规定要求旅游景区管理部门、有关企业等单位免除上述费用。

《关于制止豪华铺张、提倡节俭办晚会的通知》规定，不得使用财政资金举办营业性文艺晚会。不得使用财政资金高价请演艺人员，不得使用国有企业资金高价捧“明星”、“大腕”，坚决刹住滥办节会演出、滥请高价“明星”、“大腕”的歪风。原则上不得使用财政资金为公祭、旅游、历史文化、特色物产、行政区划变更、工程奠基或竣工等节庆活动举办文艺晚会。不得与企业联名举办文艺晚会和节庆演出。不得利用行政权力向下级事业单位、企业以及个人摊派所需经费。

7. 不要违规举办庆典活动

必要的庆典活动是允许举办的，但一定要遵守会议管理规定，经上级批准，而且要注重节俭。经批准的节会、庆典、论坛、博览会、展会、运动会、赛会等活动，应当严格控制规模和经费支出。节会庆典活动切忌过多过滥，频频举办庆典活动的地方和单位，其本意可能想提高知名度或发展地方经济，结果往往适得其反。如果是借举办节会庆典活动之机，向企事业单位搞摊派，或借此机会发放礼品与贵重纪念品，讲排场、摆阔气，那就会让有些人中饱私囊，严重损害群众利益，影响党和政府形象。值得注意的是，不得使用财政性资金举办营业性文艺晚会，也不得乱请名人、明星。注意：领导干部参加节会庆典活动必须由组织统一安排，不得擅自应邀参加。

【纪法依据】

《中国共产党纪律处分条例》第一百一十八条第一款第

（二）项规定，违反会议活动管理规定“决定或者批准举办各类节会、庆典活动”，对直接责任者和领导责任者，情节较重的，给予警告或者严重警告处分；情节严重的，给予撤销党内职务处分。

《党政机关厉行节约反对浪费条例》第三十三条规定，未经批准，党政机关不得以公祭、历史文化、特色物产、单位成立、行政区划变更、工程奠基或者竣工等名义举办或者委托、指派其他单位举办各类节会、庆典活动，不得举办论坛、博览会、展会活动。严禁使用财政性资金举办营业性文艺晚会。从严控制举办大型综合性运动会和各类赛会。经批准的节会、庆典、论坛、博览会、展会、运动会、赛会等活动，应当严格控制规模和经费支出，不得向下属单位摊派费用，不得借举办活动发放各类纪念品，不得超出规定标准支付费用邀请名人、明星参与活动。为举办活动专门配备的设备在活动结束后应当及时收回。

《关于制止豪华铺张、提倡节俭办晚会的通知》规定，不得使用财政资金举办营业性文艺晚会。不得使用财政资金高价请演艺人员，不得使用国有企业资金高价捧“明星”、“大腕”，坚决刹住滥办节会演出、滥请高价“明星”、“大腕”的歪风。原则上不得使用财政资金为公祭、旅游、历史文化、特色物产、行政区划变更、工程奠基或竣工等节庆活动举办文艺晚会。不得与企业联名举办文艺晚会和节庆演出。不得利用行政权力向下级事业单位、企业以及个人摊派所需费用。

8. 不要借培训违规组织活动

学习培训是增长知识、开阔眼界和提升素质能力的重要渠道。组织培训是可以，也是必要的。但是，一些地方和单位让培训变了味。有的把培训当作敛财的手段，有的把培训当作旅游、娱乐消费、大吃大喝的机会，有的通过培训经营“小金库”。对此，相关党规党纪已列出明确的参考标准和禁止性规定。

管好培训关键是培训费的管理和列支不能混乱，需要控制开支范围和开支标准，还要杜绝虚报、转嫁、摊派培训费的现象，也要禁止向参训人员乱收费的行为。培训不能成为奢靡享乐之风的温床，培训费不能成为财务管理的漏洞，否则，所在单位领导和责任人要负纪律责任。

培训费综合定额标准　　单位：元 / 人 · 天

培训类别	住宿费	伙食费	场地、资料、交通费	其他费用	合计
一类培训	500	150	80	30	760
二类培训	400	150	70	30	650
三类培训	340	130	50	30	550

注：一类培训是指参训人员主要为省部级及相应人员的培训项目。二类培训是指参训人员主要为司局级人员的培训项目。三类培训是指参训人员主要为处级及以下人员的培训项目。以其他人员为主的培训项目参照上述标准分类执行。综合定额标准是相关费用开支的上限。

【纪法依据】

《党政机关厉行节约反对浪费条例》第三十二条规定，严格控制培训经费支出范围，严禁在培训经费中列支公务接待费、会议费等与培训无关的任何费用。

《中央和国家机关培训费管理办法》第十四条规定，严禁借培训名义安排公款旅游；严禁借培训名义组织会餐或安排宴请；严禁组织高消费娱乐健身活动；严禁使用培训费购置电脑、复印机、打印机、传真机等固定资产以及开支与培训无关的其他费用；严禁在培训费中列支公务接待费、会议费；严禁套取培训费设立“小金库”。

9. 不要违规新建（装修）和使用办公楼

党的十八大以来，为规范办公用房的建设、配备、使用、维修，防止铺张浪费和奢华享乐，党和国家出台了一系列管理规定，党政机关新建、改建、扩建、购置、置换、维修改造、租赁办公用房，必须严格按规定办理。

严格控制党政机关办公楼等楼堂馆所建设，这是发扬艰苦奋斗、勤俭节约优良传统的具体体现，是加强党风廉政建设的重要内容，也是密切党群干群关系、维护党和政府形象的现实要求。各级党委、政府和各有关部门应充分认识到，违反规定建设办公楼等楼堂馆所，追求和攀比办公场所豪华气派，是一种严重的铺张浪费行为，也是一种滥用权力的腐败行为。这种做法不仅浪费国家财产和资源，加重人民群众负担，而且败坏党风、政风和社会风气，侵蚀党员干部的进取精神和服务意识，危害党和人民的利益。同时还要看到，尽管我国的经济实力和综合国力在不断增强，但还是发展中国家，仍处于并将长期处于社会主义初级阶段，国家建设和发展需要办的事情还很多，必须继续发扬艰苦奋斗的优良传统，必须继续坚持勤俭办一切事业的方针。各级党政机关和领导干部要带头弘扬清风正气，坚决抵制贪图安逸、追求享乐等不正之风，为全社会做好表率。

【纪法依据】

《中华人民共和国公职人员政务处分法》第三十五条规定，“违反规定，在公务接待、公务交通、会议活动、办公用房以及其他工作生活保障等方面超标准、超范围”，情节较重的，予以处分；情节严重的，予以降级或者撤职。

《中国共产党纪律处分条例》第一百一十九条规定，违反办公用房管理等规定，有下列行为之一，对直接责任者和领导责任者，情节较重的，给予警告或者严重警告处分；情节严重的，给予撤销党内职务处分：（一）决定或者批准兴建、装修办公楼、培训中心等楼堂馆所；（二）超标准配备、使用办公用房；（三）未经批准租用、借用办公用房；（四）用公款包租、占用客房或者其他场所供个人使用；（五）其他违反办公用房管理等规定行为。

《党政机关厉行节约反对浪费条例》第二十四条规定，党政机关不得以任何名义新建、改建、扩建所属宾馆、招待所等具有接待功能的设施或者场所。第三十五条规定，党政机关办公用房建设应当从严控制。凡是违反规定的拟建办公用房项目，必须坚决终止；凡是未按照规定程序履行审批手续、擅自开工建设的办公用房项目，必须停建并予以没收；凡是超规模、超标准、超投资概算建设的办公用房项目，应当根据具体情况限期腾退超标准面积或者全部没收、拍卖。党政机关办公用房应当严格管理，推进办公用房资源的公平配置和集约使用。凡是超过规定面积标准占有、使用办公用房以及未经批准租用办公用房的，必须腾退；凡是未经批准改变办公用房使用功能的，原则上应当恢复原使用功能。严禁出租出借办公用房，已经出租出借的，到期必须收回；租赁合同未到期的，租金收入应当按照收支两条线管理。第三十七条规定，党政机关办公用房建设项目应当按照朴素、实用、安全、节能原则，严格执行办公用房建设标准、单位综合造价标准和公共建筑节能设计标准，符合土地利用和城市规划要求。党政机关办公楼不得追求成为城市地标建筑，严禁配套建设大型广场、公园等设施。第四十一条规定，领导干部不得长期租用宾馆、酒店房间作为办公用房。配置使用的办公用房，在退休或者调离时应当及时腾退并由原单位收回。

《党政机关办公用房管理办法》第三十五条规定，管理部门有下列情形之一的，依纪依法追究相关人员责任：（一）违规审批项目或者安排投资计划、预算的；（二）不按照规定履行调剂、置换、租用、建设等审批程序的；（三）为使用单位超标准配置办公用房的；（四）不按照规定处置办公用房的；（五）办公用房管理信息统计报送中瞒报、漏报的；（六）对发现的违规问题不及时处理的；（七）有其他违反办公用房管理规定情形的。使用单位有下列情形之一的，依纪依法追究相关人员责任：（一）擅自将办公用房权属登记至本单位或者所属单位名下，或者不配合办理权属登记的；（二）未经批准建设或者大中修办公用房的；（三）不按规定腾退移交办公用房的；（四）未经批准租用、借用办公用房的；（五）擅自改变办公用房使用功能或者处置办公用房的；（六）擅自安排企事业单位、社会组织等使用机关办公用房的；（七）为工作人员超标准配备办公用房，或者未经批准配备两处以上办公用房的；（八）有其他违反办公用房管理规定情形的。

《关于进一步严格控制党政机关办公楼等楼堂馆所建设问题的通知》规定，所有新建、扩建、迁建、购置、装修改造党政机关办公楼项目，必须严格履行审批程序。今后一律不再审批党政机关新建、改扩建包括培训中心在内的各类具有住宿、会议、餐饮等接待功能的设施或场所建设项目，也不得安排财政性资金用于部门、地方所属的现有这类设施或场所的维修改造。

10. 不要谋取特殊待遇

党的二十大报告指出，坚决破除特权思想和特权行为。我们党从成立之初，就坚决反对特权，严禁党的干部谋求特殊待遇。尤其是要求党员领导干部做到公私分明，廉洁自律，按制度和规矩办事，不能利用职权和职务影响谋求不该享受的特殊待遇。党章规定，中国共产党党员永远是劳动人民的普通一员。除了法律和政策规定范围内的个人利益和工作职权以外，所有共产党员都不得谋求任何私利和特权。各级领导干部是人民公仆，没有搞特殊化的权利。“谋求”一般是指党员领导干部利用职权或者职务上的影响主动要求并获得。“特殊待遇”主要是指按照规定不应享受的待遇，或者超过规定标准的待遇。为本人、亲属和其他特定关系人谋取不应当享受的特殊待遇，就是搞特权的具体表现，是典型的以权谋私、损公肥私、假公济私，是“一人得道，鸡犬升天”的封建糟粕思想的延续，严重腐蚀党的公信力，损害党的执政基础，必须受到党纪惩处。

【纪法依据】

《中国共产党纪律处分条例》第一百零九条规定，党员领导干部违反工作、生活保障制度，在交通、医疗、警卫等方面为本人、配偶、子女及其配偶等亲属、身边工作人员和其他特定关系人谋求特殊待遇，情节较重的，给予警告或者严重警告处分；情节严重的，给予撤销党内职务或者留党察看处分。

11. 切莫在股票证券交易中非法牟利

随着我国证券交易市场制度的逐步健全，特别是《中华人民共和国证券法》的颁布实施，证券市场的发展已经走上了法制化轨道。党政机关工作人员将其合法财产以合法的方式投资于证券市场，买卖股票和证券投资基金，是对国家建设的支持。因此，党中央、国务院规定党政机关工作人员个人可以买卖股票和证券投资基金。但是，不得出现违反证券法和相关法律法规的行为，特别是严禁利用职权或职务上的影响，采取不正当的手段进行股票证券交易；严禁掌握内幕信息的党政机关工作人员及有关人员买卖股票。

【纪法依据】

《中华人民共和国证券法》第五条规定，证券的发行、交易活动，必须遵守法律、行政法规；禁止欺诈、内幕交易和操纵证券市场的行为。

《中国共产党纪律处分条例》第一百零三条规定，对违反有关规定拥有非上市公司（企业）的股份或者证券；买卖股票或者进行其他证券投资等从事营利活动的行为，情节较轻的，给予警告或者严重警告处分；情节较重的，给予撤销党内职务或者留党察看处分；情节严重的，给予开除党籍处分。利用参与企业重组改制、定向增发、兼并投资、土地使用权出让等工作中掌握的信息买卖股票，利用职权或者职务上的影响通过购买信托产品、基金等方式非正常获利的，依照前款规定处理。

《关于党政机关工作人员个人证券投资行为若干规定》第三条规定，党政机关工作人员个人可以买卖股票和证券投资基金。在买卖股票和证券投资基金时，应当遵守有关法律、法规的规定，严禁下列行为：（一）利用职权、职务上的影响或者采取其他不正当手段，索取或者强行买卖股票、索取或者倒卖认股权证；（二）利用内幕信息直接或者间接买卖股票和证券投资基金，或者向他人提出买卖股票和证券投资基金的建议；（三）买卖或者借他人名义持有、买卖其直接业务管辖范围内的上市公司的股票；（四）借用本单位的公款，或者借用管理和服务对象的资金，或者借用主管范围内的下属单位和个人的资金，或者借用其他与其行使职权有关系的单位和个人的资金，购买股票和证券投资基金；（五）以单位名义集资买卖股票和证券投资基金；（六）利用工作时间、办公设施买卖股票和证券投资基金；（七）其他违反《中华人民共和国证券法》和相关法律、法规的行为。明确违反党政机关工作人员个人证券投资行为若干规定的，给予党纪处分、行政处分或者其他纪律处分；有犯罪嫌疑的，移送司法机关依法处理；有违法所得的，予以没收。

12. 不要违规发放津贴补贴

薪酬制度和津贴、补贴、奖金、福利制度是党政机关和国有企业、事业单位的重要激励保障制度，对于维护党员干部合法权益，共享改革发展成果，体现社会公平正义，提高工作效率具有重要作用。但是，违规自定薪酬或者滥发津贴、补贴、奖金、福利等，严重影响国家的收入分配制度，导致分配秩序的紊乱，更容易滋生权力自肥，损害党和政府的形象，是不被允许的。清理规范津贴、补贴、奖金、福利，是改革工资制度和规范收入分配秩序的一项重要措施，也是促进党风廉政建设、惩治腐败的必然要求。近年来，党中央不断规范津贴、补贴，违规发放津贴、补贴或福利问题得到一定遏制，但部分地区问题仍然有少量存在。比如，通过巧立名目滥发钱物，以值班费、工作表彰为名发放普惠性质的补助或奖励，以办公用品、会议费等名义虚列开支套取费用滥发钱物，通过私设“小金库”滥发钱物，擅自扩大发放范围、提高发放标准等。对于党员干部来说，一定要针对诸如此类的变异问题，不断减存量，遏增量。对于负责发放津贴、补贴等的直接操作者和负有领导责任的领导干部来说，要按照有关规定发放津贴、补贴、奖金、福利等，切勿违规发放。

【纪法依据】

《中华人民共和国公职人员政务处分法》第三十五条规定，“违反规定设定、发放薪酬或者津贴、补贴、奖金”，情节较重的，予以处分；情节严重的，予以降级或者撤职。

《中国共产党纪律处分条例》第一百一十四条规定，违反有关规定自定薪酬或者滥发津贴、补贴、奖金、福利等，对直接责任者和领导责任者，情节较轻的，给予警告或者严重警告处分；情节较重的，给予撤销党内职务或者留党察看处分；情节严重的，给予开除党籍处分。

《党政机关厉行节约反对浪费条例》第五十八条规定，有下列情形之一的，追究相关人员的责任：（一）未经审批列支财政性资金的；（二）采取弄虚作假等手段违规取得审批的；（三）违反审批要求擅自变通执行的；（四）违反管理规定超标准或者以虚假事项开支的；（五）利用职务便利假公济私的。

《违规发放津贴补贴行为处分规定》第四条规定，对“违反规定自行新设项目或者继续发放已经明令取消的津贴补贴的；超过规定标准、范围发放津贴补贴的；违反中共中央组织部、人力资源社会保障部有关公务员奖励的规定，以各种名义向职工普遍发放各类奖金的；在实施职务消费和福利待遇货币化改革并发放补贴后，继续开支相关职务消费和福利费用的；违反规定发放加班费、值班费和未休年休假补贴的；违反《中共中央纪委、中共中央组织部、监察部、财政部、人事部、审计署关于规范公务员津贴补贴问题的通知》等规定，擅自提高标准发放改革性补贴的；超标准缴存住房公积金的；以有价证券、支付凭证、商业预付卡、实物等形式发放津贴补贴的；违反规定使用工会会费、福利费及其他专项经费发放津贴补贴的；借重大活动筹备或者节日庆祝之机，变相向职工普遍发放现金、有价证券或者与活动无关的实物的；违反规定向关联单位（企业）转移好处，再向关联单位（企业）以各种名目给机关职工发放津贴补贴的；其他违反规定发放津贴补贴的"，给予警告处分；情节较重的，给予记过或者记大过处分；情节严重的，给予降级或者撤职处分。第五条至第十条规定，对"将执收执罚工作与津贴补贴挂钩，使用行政事业性收费、罚没收入发放津贴补贴的；以发放津贴补贴的形式，变相将国有资产集体私分给个人的；违反财政部关于行政事业单位工资津贴补贴有关会计核算的规定核算津贴补贴的；使用'小金库'款项发放津贴补贴的；利用职务上的便利或者职务影响，违反规定在其他单位领取津贴补贴的；以虚报、冒领等手段骗取财政资金发放津贴补贴的"，给予处分。对"以虚报、冒领等手段骗取财政资金，并以发放津贴补贴的形式合伙私分的"，从重处分。

13. 切莫以虚假发票公款报销

发票是在经济活动中证明发生购销行为的真实有效的凭据之一。

它是消费者的购物凭证，是纳税人经济活动的重要商事凭证，也是财政、税收、审计等部门进行财务税收检查的重要依据。开具的发票应该确保内容真实。开具虚假发票公款报销，实际上是一种变相的以账面掩盖的贪污或私分公款的问题。这种现象往往发生于少数干部身上，或者当事人利用权力强行报销，或者与财会人员勾结，或者财会人员监督不力，其造成的危害和影响是很坏的。从国家层面上讲，势必破坏国家集体财经管理制度，损害国家集体经济利益，影响社会经济的健康发展；从个体层面上讲，它侵蚀党员干部的思想和灵魂，往往从虚假报销开始，逐步走上违纪违法乃至犯罪的道路。

【纪法依据】

《关于坚决制止开具虚假发票公款报销行为的通知》规定，坚决杜绝开具虚假发票的行为。禁止任何单位和个人在购买生活用品等物品时，以“办公用品”的名目开具虚假发票用公款报销；禁止通过这种手段滥发钱物，请客送礼，甚至贪污公款。已经发生的，要立即予以纠正。各部门各单位要严格财务收支管理，加强财务监管，严格报销程序，规范报销凭证。尤其对办公用品的采购、报销，要严格履行程序，杜绝假公济私甚至侵占、贪污等现象。

14. 不要在辞职或退休后违规受聘经商

党员领导干部离职或者退休后，利用自己的经验和智慧，发挥余热，为社会作贡献，为个人谋取正当利益，这完全是可以的。但是，党员领导干部离职或者退（离）休后，仍然不同于一般的群众，原有的职权还会在一定范围、一定时期内产生影响或者发挥作用。辞职或退休后违规受聘经商一般有以下几种表现：一是利用其原来的职权影响和所掌握的公共资源谋取非法利益；二是利用其工作、业务关系和权力的余温，从事与之相关的经商办企业活动，破坏市场经济的公平竞争规则，所得到的财富实际上是以权力、关系作为成本；三是在职时利用职权或职务上的影响，为企业或个人谋取利益，他们不要即时利益，而是在辞职或退（离）休后坐享企业或个人的“反哺”收利。因此，从防止利益冲突的角度，有必要对其离职或者退（离）休后的从业行为作出限制。违反规定的，会受到党纪责任追究。

“企业和中介机构”包括国有企业、民营企业、外商投资企业等。“离职”既包括调离，也包括辞职。这里要注意几点：一是禁止时限是党政领导干部辞职或退休后从事经商办企业活动，禁止的时限为三年。二是禁止范围是原任职务管辖的地区和业务范围内的企业和中介机构。三是辞职或退（离）休三年后到企业兼职的，仍需报批备案。

【纪法依据】

《中华人民共和国公务员法》第一百零七条规定，公务员辞去公职或者退休的，原系领导成员、县处级以上领导职务的公务员在离职三年内，其他公务员在离职两年内，不得到与原工作业务直接相关的企业或者其他营利性组织任职，不得从事与原工作业务直接相关的营利性活动。

《中国共产党纪律处分条例》第一百零五条规定，离职或者退（离）休后违反有关规定接受原任职务管辖的地区和业务范围内或者与原工作业务直接相关的企业和中介机构等单位的聘用，或者个人从事与原任职务管辖业务或者与原工作业务直接相关的营利活动，情节较轻的，给予警告或者严重警告处分；情节较重的，给予撤销党内职务处分；情节严重的，给予留党察看处分。党员领导干部离职或者退（离）休后违反有关规定担任上市公司、基金管理公司独立董事、独立监事等职务，情节较轻的，给予警告或者严重警告处分；情节较重的，给予撤销党内职务处分；情节严重的，给予留党察看处分。

《关于进一步规范党政领导干部在企业兼职（任职）问题的意见》规定，辞去公职或者退（离）休后三年内，不得到本人原任职务管辖的地区和业务范围内的企业兼职（任职），也不得从事与原任职务管辖业务相关的营利性活动。

《国有企业领导人员廉洁从业若干规定》第六条第（七）项规定，国有企业领导人员不得违反规定在离职或者退休后三年内，在与原任职企业有业务关系的私营企业、外资企业和中介机构担任职务、投资入股，或者在上述企业或者机构从事、代理与原任职企业经营业务相关的经营活动。

《关于规范中管干部辞去公职或者退（离）休后担任上市公司、基金管理公司独立董事、独立监事的通知》规定，中管干部辞去公职或者退（离）休后三年内，不得到与本人原工作业务直接相关的上市公司、基金管理公司担任独立董事、独立监事，不得从事与本人原工作业务直接相关的营利性活动。中管干部辞去公职或者退（离）休后可以到与本人原工作业务不直接相关的上市公司、基金管理公司担任独立董事、独立监事。

《关于退出现职、接近或者达到退休年龄的党政领导干部在企业兼职、任职有关问题的意见》规定，一、退出现职、接近或者达到退休年龄和在地方换届时不再提名尚未办理退休手续的党政领导干部原则上不得在企业兼职，一般也不得安排到企业任职。二、个别确因工作需要到企业兼职、任职的，应当按照干部管理权限严格审批。不得违反规定，擅自审批党政领导干部到企业兼职、任职。三、经批准到企业兼职的，不得在企业领取薪酬、奖金等报酬，不得获取股权。

15. 离岗后不得违规谋利

一些领导干部离职或退休后没有直接“下海”经商或到企业违规任职，而是利用原职务影响力谋取不正当利益。如，利用原职权或者职务上的影响，为配偶、子女及其配偶等亲属和其他特定关系人从事经营活动谋取利益，或是利用原职权或者职务上的影响为他人谋取利益，本人的配偶、子女及其配偶等亲属和其他特定关系人收受对方财物。2023 年修订的《中国共产党纪律处分条例》完善了对离职或者退休党员干部违规从业、利用原职权或者职务影响为亲友谋利行为的处分规定，不因党员干部离岗而降低对其的要求。同时，值得注意的是，离职的国家工作人员利用原职权或者地位形成的便利条件，通过其他国家工作人员职务上的行为，为请托人谋取不正当利益，索取或者收受请托人财物的，可能构成利用影响力受贿罪。适用纪法衔接条款给予处理。

【纪法依据】

《中国共产党纪律处分条例》第一百零六条规定，离职或者退（离）休后利用原职权或者职务上的影响，为配偶、子女及其配偶等亲属和其他特定关系人从事经营活动谋取利益，情节较轻的，给予警告或者严重警告处分；情节较重的，给予撤销党内职务或者留党察看处分；情节严重的，给予开除党籍处分。离职或者退（离）休后利用原职权或者职务上的影响为他人谋取利益，本人的配偶、子女及其配偶等亲属和其他特定关系人收受对方财物，情节较重的，给予警告或者严重警告处分；情节严重的，给予撤销党内职务、留党察看或者开除党籍处分。

16. 不要违规经商或兼职

习近平总书记多次告诫广大党员干部，当官发财应两道，当官就不要想发财，发财就不要当官。但在现实中，一些党员干部经不住物质利益的诱惑，违规经商办企业或者违规兼职取酬。违规经商办企业或者违规兼职取酬说到底是对物质利益的不当追求，这种不当追求往往会使党员干部理想信念动摇，人生观、价值观严重扭曲，拜金主义、个人主义和享乐主义膨胀，从而利用职权或者职务和地位形成的方便条件，抛开无私奉献，追求“有偿提供”。

“经商办企业”主要是指经营商业、兴办企业，其形式主要有：个人独资经商办企业，与他人合资、合股、合作、合伙经商办企业，私自以承包、租赁、受聘等方式经商办企业等。经商办企业的主观目的是获取经济利益或者利润，而不论经商办企业的客观结果是否营利。党员干部违反规定兼职，使其可能利用职权或者工作之便，通过兼职化公为私、损公肥私、以权谋私、权钱交易，导致腐败现象的发生。党中央、国务院多年来三令五申禁止党政干部在经济组织中兼职或兼职取酬，明确规定党政机关干部不准在各类经济组织中兼职（包括名誉职务），个别经批准兼职的，不得领取任何报酬。

当理想信念动摇时，就容易抛开为人民服务的根本宗旨，进而为个人谋利，这样极易产生以权谋私、权钱交易等各种腐败问题，损害党员干部、公职人员的声誉，破坏社会主义市场经济的公平竞争，危害党的事业健康发展。党员干部不要违规经商或兼职，切记当官发财两条道。

【纪法依据】

《中华人民共和国公务员法》第五十九条第（十六）项规定，公务员不得违反有关规定从事或者参与营利性活动，在企业或者其他营利性组织中兼任职务。

《中华人民共和国公职人员政务处分法》第三十三条第二款规定，拒不按照规定纠正特定关系人违规任职、兼职或者从事经营活动，且不服从职务调整的，予以撤职。

《中国共产党纪律处分条例》第一百零三条规定，违反有关规定从事营利活动，经商办企业；从事有偿中介活动；在国（境）外注册公司或者投资入股，情节较轻的，给予警告或者严重警告处分；情节较重的，给予撤销党内职务或者留党察看处分；情节严重的，给予开除党籍处分。违反有关规定在经济组织、社会组织等单位中兼职，或者经批准兼职但获取薪酬、奖金、津贴等额外利益的，依照前款规定处理。

《行政机关公务员处分条例》第二十七条规定，公务员“从事或者参与营利性活动”或者“在企业或者其他营利性组织中兼任职务的”，给予处分；情节严重的，开除公职。

《关于进一步规范党政领导干部在企业兼职（任职）问题的意见》规定，现职和不担任现职但未办理退（离）休手续的党政领导干部不得在企业兼职（任职）。

17. 不要利用职权侵占公私财物

有的人总想在公私财物上动心思，为了占到便宜，打擦边球，巧取豪夺，其实都是违反纪律规定的。不要利用职权影响侵占公司财物，首先要充分认识什么样的行为构成了利用职权或者职务上影响侵占公司财物。一般来说有以下四种谋取不义之财的具体行为：(1) 利用职权或者职务上的影响侵占非本人经管的公私财物。(2) 以象征性地支付钱款等方式侵占公私财物。(3) 无偿、象征性地支付报酬接受服务、使用劳务。(4) 将本人、配偶、子女及其配偶等亲属应当由个人支付的费用，由下属单位、其他单位或者他人支付、报销。上述四种行为是以权谋私行为，更潜藏着权钱交易的腐败风险，侵害了党员干部职务行为的廉洁性，是党的纪律所不允许的，应当受到党纪处分。除此之外，凭借职权，以暂用、借用、试用的名义占用国家集体物品，特别是占用大件的高价值的，如汽车、电脑等公物长期归个人使用，时间超过六个月，也构成了违纪，会受到处分。尤其是不能占用公物从事营利活动，或者将公物借给他人从事营利活动，这既违反了公物管理制度，也违反了党员干部不得从事营利活动的纪律要求，是典型的错上加错，会受到党纪严惩。

年轻干部应时刻保持头脑清醒，认识到这些行为是违纪的。如果将占用的公物用于非法活动，如赌博、走私等，就是违法。占用公物，侵犯的是公物的使用权，公物的所有权并未改变。如果行为人占用公物不退还，包括按规定应当退还而不退还，经公家催要而不退还的，或者使用价值已尽或者将尽而无法退还的，就变成了侵占。

【纪法依据】

《中国共产党纪律处分条例》第九十九条规定，借用管理和服务对象的钱款、住房、车辆等，可能影响公正执行公务，情节较重的，给予警告或者严重警告处分；情节严重的，给予撤销党内职务、留党察看或者开除党籍处分。通过民间借贷等金融活动获取大额回报，可能影响公正执行公务的，依照前款规定处理。第一百一十一条规定，利用职权或者职务上的影响，侵占非本人经管的公私财物，或者以象征性地支付钱款等方式侵占公私财物，或者无偿、象征性地支付报酬接受服务、使用劳务，情节较轻的，给予警告或者严重警告处分；情节较重的，给予撤销党内职务或者留党察看处分；情节严重的，给予开除党籍处分。利用职权或者职务上的影响，将应当由本人、配偶、子女及其配偶等亲属、身边工作人员和其他特定关系人个人支付的费用，由下属单位、其他单位或者他人支付、报销的，依照前款规定处理。第一百一十二条规定，利用职权或者职务上的影响，违反有关规定占用公物归个人使用，时间超过六个月，情节较重的，给予警告或者严重警告处分；情节严重的，给予撤销党内职务处分。占用公物进行营利活动的，给予警告或者严重警告处分；情节较重的，给予撤销党内职务或者留党察看处分；情节严重的，给予开除党籍处分。将公物借给他人进行营利活动的，依照前款规定处理。

18. 严禁贪污

贪污分以下几种情形：（1）行为人利用职务上的便利，将暂时由自己合法管理、支配、使用或经手的公共财物直接非法占有的，属于侵吞；（2）行为人利用职务上的便利，采取秘密手段将自己管理、经营的公共财物非法占有的，属于窃取；（3）行为人利用职务上的便利，采用虚构事实或隐瞒事实真相的方法，将自己管理、经营的公共财物非法占有的，属于骗取；（4）除侵吞、窃取、骗取以外的非法占有公共财物的手段，如在公务活动中收受礼物拒不交公占为己有、挪用公款后有能力归还而不归还或者潜逃等，属于贪污的其他手段。贪污党费、救灾、抢险、扶贫、防疫等款项的，因其造成的危害更大，要加重处罚。

⚖【纪法依据】

《中华人民共和国刑法》第三百八十二条规定，国家工作人员利用职务上的便利，侵吞、窃取、骗取或者以其他手段非法占有公共财物的，是贪污罪。受国家机关、国有公司、企业、事业单位、人民团体委托管理、经营国有财产的人员，利用职务上的便利，侵吞、窃取、骗取或者以其他手段非法占有国有财物的，以贪污论。

《中华人民共和国公职人员政务处分法》第三十三条第一款规定，对“贪污贿赂”的，予以处分；情节较重的，予以降级或者撤职；情节严重的，予以开除。

《中华人民共和国公务员法》第五十九条第（八）项规定，公务员不得“贪污贿赂，利用职务之便为自己或者他人谋取私利”。

《中国共产党纪律处分条例》第二十九条规定，党组织在纪律审查中发现党员有贪污贿赂、滥用职权、玩忽职守、权力寻租、利益输送、徇私舞弊、浪费国家资财等违反法律涉嫌犯罪行为的，应当给予撤销党内职务、留党察看或者开除党籍处分。

19. 切莫行贿送礼

2021 年 9 月，中央纪委国家监委与中央组织部、中央统战部、中央政法委、最高人民法院、最高人民检察院联合印发了《关于进一步推进受贿行贿一起查的意见》，对进一步推进受贿行贿一起查作出部署。一段时间以来，办事之前先行“打点”已成为社会经济生活、百姓日常生活乃至社会政治生活中的“潜规则”。行贿人的“打点”不但破坏了经济关系中的公平竞争、败坏了国家机关工作人员廉洁履职的纪律，更放纵了受贿者的贪腐心理，污染了社会经济生活和社会风气。这样的“潜规则”一旦形成，就会如多米诺骨牌效应般倾泻下去，以致不可收拾。受贿与行贿是一对“孪生兄弟”，行贿者付出后，必然会拼命追求其不正当利益，一旦达到目的，又会变本加厉谋求更大的不正当利益。“为谋取不正当利益”是认定行贿行为的关键。只要具备了这个动机，给党员干部、公职人员送财物，或违规给回扣、手续费，就是行贿行为。这种权钱交易行为对党员干部、公职人员有着严重的腐蚀作用，它破坏了党和国家机关的正常公务活动。在这里所谓“不正当利益”，是根据有关法律法规和政策不应当得到，通过正常、合法的途径无法获取的利益，包括各种不正当物质利益或非物质利益。除财物之外，也可能是谋求提职、晋级、评先、录取、安置、住房、出国、办执照等。至于所谋求的不正当利益是否得到，都可以认定为行贿，并根据情节轻重，给予党纪政务处分和刑事处罚。如果是对方勒索而被迫交付财物，本人也没有获得不正当利益的，则不算行贿。

【纪法依据】

《中华人民共和国刑法》第三百八十九条规定，为谋取不正当利益，给予国家工作人员以财物的，是行贿罪。在经济往来中，违反国家规定，给予国家工作人员以财物，数额较大的，或者违反国家规定，给予国家工作人员以各种名义的回扣、手续费的，以行贿论处。

《中华人民共和国公职人员政务处分法》第三十四条第二款规定，向公职人员及其特定关系人赠送可能影响公正行使公权力的礼品、礼金、有价证券等财物，情节较重的，予以处分；情节严重的，予以降级或者撤职。

《中国共产党纪律处分条例》第二十九条规定，党组织在纪律审查中发现党员有贪污贿赂、滥用职权、玩忽职守、权力寻租、利益输送、徇私舞弊、浪费国家资财等违反法律涉嫌犯罪行为的，应当给予撤销党内职务、留党察看或者开除党籍处分。

《行政机关公务员处分条例》第二十三条规定，公务员有行贿行为的，给予处分；情节严重的，开除公职。

20. 切莫向单位行贿

向单位行贿与向个人行贿，其目的与表现形式是相同的，都是为谋取不正当利益，行贿者付出的主要是财物，所不同的只是受贿者不是个人而是单位，单位包括党和国家机关、国有企业、事业单位、人民团体等。它侵犯的同样是国家公务活动的廉洁性和公正性。现实中，我们要把向单位行贿与某些单位赞助活动区分开来。比如有的单位或个人慷慨解囊，向某单位赞助财物，或针对某单位所组织的政治、文化等活动，给予物质赞助。这种行为与向单位行贿是不同的，其区别在于有没有“谋取不正当利益”。一般赞助活动没有这个因素，故不应认定为行贿。向单位行贿，有个人向单位行贿的，也有单位向单位行贿的。如单位行贿，则追究单位主要负责人和直接责任人的责任。

【纪法依据】

《中华人民共和国刑法》第三百九十一条规定，“为谋取不正当利益，给予国家机关、国有公司、企业、事业单位、人民团体以财物的，或者在经济往来中，违反国家规定，给予各种名义的回扣、手续费的”，处三年以下有期徒刑或者拘役，并处罚金；情节严重的，处三年以上七年以下有期徒刑，并处罚金。单位犯罪的，对单位判处罚金，并对其直接负责的主管人员和其他直接责任人员，依照规定处罚。

《中华人民共和国反不正当竞争法》第七条规定，经营者不得采用财物或者其他手段贿赂交易相对方的工作人员、受交易相对方委托办理相关事务的单位或者个人、利用职权或者影响力影响交易的单位或者个人，以谋取交易机会或者竞争优势。经营者在交易活动中，可以以明示方式向交易相对方支付折扣，或者向中间人支付佣金。经营者向交易相对方支付折扣、向中间人支付佣金的，应当如实入账。接受折扣、佣金的经营者也应当如实入账。经营者的工作人员进行贿赂的，应当认定为经营者的行为；但是，经营者有证据证明该工作人员的行为与为经营者谋取交易机会或者竞争优势无关的除外。

21. 切莫介绍贿赂

介绍贿赂就是在行贿人与受贿人之间进行沟通、撮合，促使行贿与受贿得以实现的行为。对这种“中间人”，不管是否得到好处，都应处理。因为在这种“中间人”的作用下，产生了贿赂违纪或犯罪行为。“中间人”充当了“同案人”的角色，客观上侵犯了党和国家机关管理活动和职能活动及声誉。介绍贿赂往往有两种情形：一是受行贿人之托，为其物色行贿对象，疏通行贿渠道，引荐受贿人，转达行贿的信息，为行贿人转交贿赂物，向受贿人传达行贿人的要求；二是按照受贿人的意图，为其寻找索贿对象，转达索贿人的要求等。不管何种形式，介绍贿赂行为都起到了“助推器”的作用。年轻干部在公务活动中，要警惕那些充当掮客的人，不要被其花言巧语所迷惑，不要被各种利益所诱惑。

⚖【纪法依据】

《中华人民共和国刑法》第三百九十二条规定，“向国家工作人员介绍贿赂，情节严重的”，依法定罪处罚。

《行政机关公务员处分条例》第二十三条规定，公务员有介绍贿赂行为的，给予处分；情节严重的，开除公职。

22. 切莫挪用公款

挪用公款侵犯的是公共财产的不完全的所有权，其核心是对公款的使用，在一定程度上也侵犯了国家的财经管理制度。挪用公款在一定情况下可能涉嫌构成贪污。如果主观上具有非法占有公款的目的就属于挪用公款。具体来说，有以下情形之一的就是具有非法占有公款的目的，即构成了挪用公款，党员干部、公职人员要时刻保持警惕。一是携带挪用的公款潜逃的；二是挪用公款后采取虚假发票平账、销毁有关账目等手段，使所挪用的公款已难以在单位财务账目上反映出来且没有归还行为的；三是截取单位收入不入账，非法占有，使所挪用的公款已难以在单位财务账目上反映出来且没有归还行为的；四是有证据证明行为人有能力归还所挪用的公款而拒不归还，并隐瞒挪用的公款去向的。

从轻处罚的情形有：挪用正在生息或者需要支付利息的公款归个人使用，超过三个月，但在案发前全部归还的，可以从轻处罚或者免除处罚。给国家、集体造成的利息损失应予追缴。挪用公款数额巨大，超过三个月，案发前全部归还的，可以酌情从轻处罚。

需要特别注意的是，挪用公款进行营利活动的（如存入银行、用于集资、购买股票、国债等），不受挪用时间和是否归还的限制。挪用公款归个人使用，进行赌博、走私等非法活动的，不受数额较大和挪用时间的限制。

【纪法依据】

《中华人民共和国刑法》第三百八十四条规定，“国家工作人员利用职务上的便利，挪用公款归个人使用，进行非法活动的，或者挪用公款数额较大、进行营利活动的，或者挪用公款数额较大、超过三个月未还的，是挪用公款罪”，依法定罪处罚。“挪用用于救灾、抢险、防汛、优抚、扶贫、移民、救济款物归个人使用的，从重处罚。”

《行政机关公务员处分条例》第二十三条规定，公务员有挪用公款行为的，给予处分；情节严重的，开除公职。

23. 切莫挪用专项资金

专项资金，既包括财政资金和科研、教育、卫生、军工专项资金，又包括党费、社保基金和救灾、扶贫、征地补偿、社会保险等专项资金。禁止挪用专项资金，可以确保专项资金安全到位，发挥专项资金的使用效率，特别是国家在财政支出中专门设立了救灾、抢险、防汛、优抚、扶贫、移民、救济等专项资金，专门用于社会救援工作，这是国家和政府职能的一个重要体现，对恢复和发展生产、维护社会稳定有着十分重大的意义。挪用专项资金，会给社会造成很大的危害。从法律意义上说，它侵犯了国家财经管理制度中的专款专用制度。挪用专项资金有以下特点：（1）未经合法手续，擅自动用；（2）挪用的对象必须是专项资金，如用于救灾、抢险、防汛、优抚、扶贫、移民、救济等专项资金，既包括用于上述用途的由国家预算安排的经费，又包括临时调拨的特定款物，还包括人民群众、各界人士自愿捐赠的款物，而非一般的公款公物或其他专款专物，例如购粮款、购棉款、疫情防控专项资金等；（3）挪用必须是改变了专项资金的性质，用于其他项目；（4）仅仅是挪作他用，将专项资金用于其他公共事务，而不是归个人使用。

⚖【纪法依据】

《中华人民共和国刑法》第二百七十三条规定，“挪用用于救灾、抢险、防汛、优抚、扶贫、移民、救济款物，情节严重，致使国家和人民群众利益遭受重大损害的”，对直接责任人员，依法定罪处罚。

《行政机关公务员处分条例》第二十条第（三）项规定，公务员“对救灾、抢险、防汛、防疫、优抚、扶贫、移民、救济、社会保险、征地补偿等专项款物疏于管理，致使款物被贪污、挪用，或者毁损、灭失的”，给予处分；情节严重的，开除公职。

24. 切莫隐瞒巨额财产和境外存款

隐瞒巨额财产或说不清其来源的，多为非法所得。隐瞒境外存款的性质更为严重，不仅不利于国家主管部门和人民群众监督，还破坏了国家的货币管理秩序。因此，党和国家把隐瞒巨额财产和境外存款定为违纪违法行为是非常必要的。

“来源不明的巨额财产”，主要指其财产或支出明显超过合法收入，数额很大，且来源不明。这些财产包括现金、有价证券及实物，已经支出的当然亦列入原有财产，也包括一些无形的消费。合法收入包括工资、奖金、稿酬、合法继承的遗产、接受的合法馈赠等。“不能说明财产来源合法”，指的是在被责令说明其来源的情况下，拒绝说明，说不清楚，也包括故意编造财产来源的合法途径，经纪检监察机关、司法机关调查后被否定的。境外存款包括在国（境）外各种金融机构存入的各种货币、有价证券、货币支付凭证以及黄金等具有货币价值的贵重金属。

【纪法依据】

《中华人民共和国刑法》第三百九十五条规定，“国家工作人员的财产、支出明显超过合法收入，差额巨大的，可以责令该国家工作人员说明来源，不能说明来源的，差额部分以非法所得论”，依法定罪处罚，“财产的差额部分予以追缴”。“国家工作人员在境外的存款，应当依照国家规定申报。数额较大、隐瞒不报的”，依法定罪处罚，“情节较轻的，由其所在单位或者上级主管机关酌情给予行政处分”。

《行政机关公务员处分条例》第二十三条规定，公务员有“巨额财产来源不明等违反廉政纪律行为的”，给予处分；情节严重的，开除公职。

25. 切莫私分国有资产和罚没财物

私分国有资产和罚没财物属于变相贪污行为，在国家行政机构重大调整过程、财政管理体制改革过程中，执法监督松弛时期，以及年节喜庆时期，容易出现这种行为。现实生活中，一些单位违反规定，巧立名目，以单位名义，用发“奖金”“补助”“津贴”等方法，集体私分国有资产的现象仍然存在。这是侵犯国有资产所有权、造成国有资产流失的违纪违法行为。“以单位名义”，是指由单位领导共同研究决定或单位全体成员共同议定，由单位统一组织进行；“集体私分给个人”，是指将国有资产擅自分给单位的每个成员或绝大多数成员，可能是平均分配，也可能是按照不同标准分配。应当注意的是，对集体私分国有资产或罚没财物的行为，主要是追究主要责任者和其他直接责任人员的责任，不管他们是否分得财物，都应追究其责任，而不是追究没有决策执行权的只是领取私分财产的人员的责任。

【纪法依据】

《中华人民共和国刑法》第三百九十六条规定，“国家机关、国有公司、企业、事业单位、人民团体，违反国家规定，以单位名义将国有资产集体私分给个人，数额较大的，对其直接负责的主管人员和其他直接责任人员”，依法定罪处罚。“司法机关、行政执法机关违反国家规定，将应当上缴国家的罚没财物，以单位名义集体私分给个人的，依照上述的规定处罚。”

26. 不要侵占企业财物

随着我国社会主义市场经济制度的建立和完善，民营企业具有很强的发展潜力。在这些企业的发展过程中，一些企业非国家工作人员，利用自己在职务上所具有的主管或者管理、经手本单位财物的方便条件，采取侵吞、盗窃、骗取等各种手段，侵占企业财产。党和国家工作人员利用职务便利占有单位财产的，为贪污；企业（公司）或其他单位中的非国家工作人员利用职务便利占有本单位财产的，为职务侵占。根据最高人民检察院、公安部《关于公安机关管辖的刑事案件立案追诉标准的规定（二）》，公司、企业或者其他单位的人员，利用职务上的便利，将本单位财物非法占为己有，数额在3万元以上的，应予立案追诉。

【纪法依据】

《中华人民共和国刑法》第二百七十一条规定，“公司、企业或者其他单位的人员，利用职务上的便利，将本单位财物非法占为己有的”，依法定罪处罚。“国有公司、企业或者其他国有单位中从事公务的人员和国有公司、企业或者其他国有单位委派到非国有公司、企业以及其他单位从事公务的人员”有上述行为的，依法定罪处罚。

四、群众关系方面

1. 切莫加重农民负担

始终坚持以人民为中心的根本立场是我们党长期执政的关键所在。中国共产党从成立的那一刻起，就自觉地把自己看作人民群众的代表，党的全部责任和任务就是为实现人民群众的根本利益而奋斗。这是由党的性质和根本宗旨决定的。国家出台了一系列保护农民利益、减轻农民负担的政策，让农民群众切实享受到国家经济发展成果。但是，农民负担过重的问题在一些地方仍然存在，涉及加重农民负担的恶性案件和严重群体性事件仍有发生。一些地方党政干部对中央的惠农政策未能加以完全贯彻落实，而是出于对本地区或者小团体利益的考虑，制定一些与中央政策背离的、加重农民负担的各种违规文件，以各种名义加重农民负担，侵犯农民群众利益，伤害农民群众的感情，引起农民群众的不满，损害党和政府的形象，应当引起各地领导干部的重视。减轻农民负担是党向农民群众作出的庄严承诺，是党在农村的一项基本政策。领导干部要心中装着农民群众，多为农民群众谋利益，坚决纠正坑农害农的行为。

【纪法依据】

《中国共产党纪律处分条例》第一百二十二条第一款第（一）项规定，对“超标准、超范围向群众筹资筹劳、摊派费用，加重群众负担”的直接责任者和领导责任者，情节较轻的，给予警告或者严重警告处分；情节较重的，给予撤销党内职务或者留党察看处分；情节严重的，给予开除党籍处分。

《关于对涉及农民负担案（事）件实行责任追究的暂行办法》规定，具有“违反减轻农民负担政策、工作作风粗暴或违反规定采取措施，导致农民死亡或直接造成农民受重伤的；违反减轻农民负担政策，侵害农民的合法权益，导致发生干群冲突群体性事件或影响社会稳定的其他群体性事件的；发生因涉及农民负担而造成重大影响的其他案（事）件”情形的，对担任党内领导职务的责任追究对象给予警告、严重警告处分；情节严重的，给予撤销党内职务处分；情节特别严重的，给予留党察看、开除党籍处分。对担任行政领导职务的责任追究对象给予警告、记过、记大过处分；情节严重的，给予降级、撤职处分；情节特别严重的，给予开除公职处分。对同时担任党内领导职务和行政领导职务的责任追究对象，情节严重的，应当同时给予党纪、政务处分。

2. 不要借管理服务“吃拿卡要”

禁止党员领导干部利用职权和职务上的影响索取管理、服务对象的钱物，是党中央对党员领导干部廉洁自律的一贯要求。所谓“管理和服务对象”，主要是指行政机关的工作对象、司法机关和执纪机关查处的案件当事人、组织（人事）部门的工作对象，以及其他领导干部所在部门和单位法定职责范围内管理和服务的对象。从事这些工作的领导干部，由于他们的工作性质和所处的位置，往往为被管理者所求，因此容易脱离群众，高高在上，以管理者自居，或以管理代替服务。现实中，甚至有一些党员领导干部忘记了党的全心全意为人民服务的根本宗旨，把党和人民赋予的权力当成捞取个人好处的资本，利用职权和职务的影响谋取利益，较多表现为老百姓深恶痛绝的“吃、拿、卡、要”行为。所谓“吃”，就是接受被管理者的宴请；所谓“拿”，就是凭借管理占便宜，也就是“靠山吃山，靠水吃水”；所谓“要”，就是采取明示或暗示等方式向被管理者要钱要物；而“卡”，则是有意刁难被管理者，给来办事的群众制造障碍，此行为多是为了“吃、拿、要”。这些行为实质是以权谋私、索取贿赂，是公共权力异化为管理者“私权”的表现，严重损害党和政府的形象，严重损害国家公职人员职务的廉洁性。党员干部应当好人民群众的公仆，而不是到处伸手要钱要物。作为有管理、服务职责的党员干部应切记“莫伸手，伸手必被捉”。

【纪法依据】

《中华人民共和国公职人员政务处分法》第三十八条规定，“在管理服务活动中故意刁难、吃拿卡要的”，情节较重的，予以处分；情节严重的，予以降级或者撤职；情节特别严重的，予以开除。

《中国共产党纪律处分条例》第一百二十二条第（五）项规定，对“在办理涉及群众事务时刁难群众、吃拿卡要”的直接责任者和领导责任者，情节较轻的，给予警告或者严重警告处分；情节较重的，给予撤销党内职务或者留党察看处分；情节严重的，给予开除党籍处分。在乡村振兴领域有上述行为的，从重或者加重处分。

《农村基层干部廉洁履行职责若干规定（试行）》第二条第（一）项规定，禁止农村基层干部利用职务之便，谋取不正当利益。不准索取、收受或者以借为名占用管理、服务对象财物，或者吃拿卡要。

3. 不要乱收费、乱摊派、乱罚款

乱收费、乱摊派、乱罚款往往会有很多名堂。行为人或者采用暴力、胁迫等强硬手段进行乱收费、乱摊派、乱罚款，或者擅自提高收取标准，扩大收取范围；向企业摊派、索要赞助和无偿占用企业的人财物；向企业强买强卖，强制企业接受指定服务，从中谋利；或者在公务活动中通过中介组织对企业进行收费；将应由企业自愿接受的咨询、信息、检测、商业保险等服务变为强制性服务，强行收费；强制企业参加不必要的会议、培训、学术研讨、技术考核、检查评比和学会、协会、研究会等；强行向企业拉广告，强制企业订购书报刊物、音像制品等；机关、事业单位及其工作人员到企业报销各种费用等。这些擅自征收、征用财物的举动，都属于强令他人履行非法定义务的行为。其特征是“乱”，是没有法律法规、政策文件规定许可的行为，实质是“图利”，是行政中的利益驱动，是一种政府权力部门化、部门权力利益化的表现。以本部门的权力为本部门增加收入，积累财富，这是一种不正之风，严重损害人民群众的利益，侵犯党和国家机关的正常公务活动，破坏党群关系、干群关系，将会激化人民群众与党和政府的对立情绪，增加社会不稳定因素。近年来，各级纪检监察机关加大了整治群众身边的腐败和不正之风的力度，党群干群关系焕然一新，但还未能根除，须臾不能放松。

【纪法依据】

《中华人民共和国公职人员政务处分法》第三十八条规定，“违反规定向管理服务对象收取、摊派财物的”，情节较重的，予以处分；情节严重的，予以降级或者撤职；情节特别严重的，予以开除。

《中国共产党纪律处分条例》第一百二十二条第（一）

（四）项规定，对“超标准、超范围向群众筹资筹劳、摊派费用，加重群众负担”“在管理、服务活动中违反有关规定收取费用”的直接责任者和领导责任者，情节较轻的，给予警告或者严重警告处分；情节较重的，给予撤销党内职务或者留党察看处分；情节严重的，给予开除党籍处分。在乡村振兴领域有上述行为的，从重或者加重处分。

《财政违法行为处罚处分条例》第三条规定，财政收入执收单位及其工作人员，违反规定设立财政收入项目，违反规定擅自改变财政收入项目的范围、标准、对象和期限，对已明令取消、暂停执行或者降低标准的财政收入项目，仍然依照原定项目、标准征收或者变换名称征收的，责令改正，对单位给予警告或者通报批评。对直接负责的主管人员和其他直接责任人员给予处分。

《行政机关公务员处分条例》第二十五条第（三）项规定，公务员“违反规定向公民、法人或者其他组织摊派或者收取财物的”，给予处分；情节严重的，开除公职。

《关于坚决制止乱收费、乱罚款和各种摊派的决定》第八条规定，对目无法纪，继续乱收费、乱罚款和摊派的单位，其非法收入除按规定退还被收、被罚、被摊派的单位和个人外，其余全部没收上交财政，对这些单位和审批部门领导人给予处分。对私分财物、贪赃枉法或打击报复举报人者，依法从重处理。

4. 不要违规扣缴、拖欠群众款物

“违反有关规定扣留、收缴群众款物或者处罚群众的”和“克扣群众财物，或者违反有关规定拖欠群众钱款的”包含两层意思：一是违规扣留、收缴群众款物；二是克扣群众财物和拖欠群众钱款。前者是不应该向群众扣缴的，后者是克扣群众应该得到的。两项都是严重伤害群众感情，损害群众利益的行为。扣留、收缴款物多发生在行政执法和社会管理事务中，如有关部门在处罚违章时错扣乱缴管理对象的款物。这些执法活动的偏差，多表现为工作人员超越职权范围、不依法行政、徇私执法或工作简单粗暴，损害了群众的利益。关于克扣群众财物和拖欠群众钱款的问题，多表现为基层组织对政府的各种补贴款发放，征地拆迁之类的建设补偿款发放的拖延克扣等，原因多为工作人员从中贪污挪用，造成群众应该得到的得不到，直接损害群众的利益。党员干部、公职人员要避免此类事件发生，必须做到以下四点：一要有群众观念，二要戒除私心杂念，三要依规依法讲政策，四要文明理性管理。

【纪法依据】

《中国共产党纪律处分条例》第一百二十二条第一款第（二）（三）（六）项规定，对“违反有关规定扣留、收缴群众款物或者处罚群众”；“克扣群众财物，或者违反有关规定拖欠群众钱款”和“其他侵害群众利益行为”的直接责任者和领导责任者，情节较轻的，给予警告或者严重警告处分；情节较重的，给予撤销党内职务或者留党察看处分；情节严重的，给予开除党籍处分。在乡村振兴领域有上述行为的，从重或者加重处分。

5. 切忌利用宗族和黑恶势力欺压群众

现实中，凡是宗族势力抬头，黑恶势力猖獗的地方，往往跟当地少数干部支持纵容有关。因此，把扫黑除恶专项斗争与反腐败斗争结合起来是有针对性的。党员干部、公职人员的一言一行都应该代表人民群众的利益。在处理各种关系时，应该站在人民群众这一边，而不是人民群众的对立面。但是，一些人一不留意，就会站错立场，做出颠倒善恶的事情。一些基层干部和执法人员被族头、黑恶势力拉拢腐蚀，有的执法不公，甚至成为家族势力的“代言人”；有的横行乡里，欺压百姓；有的纵容涉黑涉恶活动，甚至充当黑恶势力的“保护伞”。这些行为损害的是老百姓的切身利益，啃食的是人民群众的获得感，挥霍的是基层群众对党的信任，必须严肃处理。作为党员干部和公职人员，如果直接参与黑恶势力，或者有其他与黑恶势力有关的行为，就属于涉嫌违法犯罪，会被依法定罪处罚。

【纪法依据】

《中华人民共和国公职人员政务处分法》第三十七条规定，对“利用宗族或者黑恶势力等欺压群众，或者纵容、包庇黑恶势力活动”的公职人员，予以撤职；情节严重的，开除公职。

《中国共产党纪律处分条例》第一百二十五条规定，利用宗族或者黑恶势力等欺压群众，或者纵容涉黑涉恶活动、为黑恶势力充当“保护伞”的，给予撤销党内职务或者留党察看处分；情节严重的，给予开除党籍处分。

6. 对待群众诉求力戒“冷硬横推”

“冷硬横推”是对待群众诉求或者处理信访事项的恶劣工作态度。这种态度，伤害人民群众的感情，破坏党同人民群众的血肉联系，滋长官僚主义作风。其主要表现为：一是对待来访诉求群众态度冷漠、冷淡、不理不睬，让来访诉求群众“坐冷板凳”；二是工作方式方法生硬、僵化、教条主义，不愿联系实际，不愿做深入细致的工作；三是在工作中不依法办事，不按程序办事，乱办事、办坏事；四是工作拖拉、推诿，不讲效率，不讲质量，做一天和尚撞一天钟。

信访工作是党的群众工作的重要组成部分，是党和政府了解民情、集中民智、维护民利、凝聚民心的一项重要工作，是各级机关、单位及其领导干部、工作人员接受群众监督、改进工作作风的重要途径。它代表党和政府受理和处理人民群众反映的情况、提出的意见建议或投诉要求，是党和政府同人民群众之间的桥梁和纽带。在一定程度上，从信访工作能够看到一个地方或一个单位党群关系、干群关系密切与否，能够看到党政机关和干部的作风好坏。因此，党和国家对信访工作非常重视，要求各级党委、政府的领导都亲自接待来访群众，为群众排忧解难，有的地方还通过“信访下乡”“大接访”等便民利民形式开展信访工作。但是，现实中，一些党员、干部的官僚作风和形式主义干扰了信访工作，尤其是少数领导干部法治观念比较淡薄，工作责任心不强，漠视群众疾苦，在处理信访突出问题及群体性事件中没有尽职尽责，造成社会的不稳定，扰乱了信访工作秩序，损害了党和政府的形象，破坏了党群干群关系，必须坚决予以制止。

【纪法依据】

《信访工作条例》第二十八条规定，各级机关、单位及其工作人员办理信访事项，应当恪尽职守、秉公办事，查明事实、分清责任，加强教育疏导，及时妥善处理，不得推诿、敷衍、拖延。

《中国共产党纪律处分条例》第一百二十六条第（二）（三）项规定，“对符合政策的群众诉求消极应付、推诿扯皮，损害党群、干群关系”和“对待群众态度恶劣、简单粗暴，造成不良影响”，对直接责任者和领导责任者，情节较重的，给予警告或者严重警告处分；情节严重的，给予撤销党内职务或者留党察看处分。

《关于违反信访工作纪律处分暂行规定》第七条规定，“在处理信访事项过程中，工作作风简单粗暴，造成严重后果的；对信访事项应当受理、登记、转送、交办、答复而未按规定办理或逾期未结，或者应当履行督查督办职责而未履行，造成严重后果的；在处理信访事项过程中，敷衍塞责、推诿扯皮导致矛盾激化，造成严重后果的；对重大信访突出问题和群体性事件，应到现场处置而未到现场处置或处置不当，造成严重后果或较大社会影响的”，对负有直接责任者、负有主要领导责任者、负有重要领导责任者，给予处分。

7. 不要临危不救

党章规定，党员必须“发扬社会主义新风尚，带头实践社会主义核心价值观和社会主义荣辱观，提倡共产主义道德，弘扬中华民族传统美德，为了保护国家和人民的利益，在一切困难和危险的时刻挺身而出，英勇斗争，不怕牺牲”。这是党章对党员规定的义务，每一名党员都应做到。在国家财产和人民群众生命财产受到严重威胁时，年轻干部应该临危不惧，挺身而出，积极救助，这不仅是社会主义道德的应有之义，更是对每一名党员、干部的纪律要求，也是考验党员、干部有没有群众观念的关键。给予临危不救的党员、干部以党纪处分，对于发挥共产党员先锋模范作用，坚持共产党员标准，具有重要意义。这里要把握的情节是“能救而不救”。党员、干部临危挺身而出、积极救助的前提，是其本身具备救助能力和条件。如果不具备救助的能力和条件，则不在处分范围。

【纪法依据】

《中国共产党纪律处分条例》第一百二十七条规定，对“遇到国家财产和群众生命财产受到严重威胁时，能救而不救”，情节较重的，给予警告、严重警告或者撤销党内职务处分；情节严重的，给予留党察看或者开除党籍处分。

8. 力戒形式主义、官僚主义

中国共产党的宗旨是全心全意为人民服务。形式主义、官僚主义同我们党的性质宗旨和优良作风格格不入，是党内存在的突出矛盾和问题，是阻碍党的路线方针政策和党中央重大决策部署贯彻落实的大敌。以习近平同志为核心的党中央坚持不懈反对“四风”，对整治形式主义、官僚主义的要求一以贯之又不断深入。从反对形式主义、官僚主义被明确写入党章，到《中国共产党纪律处分条例》等党内法规聚焦形式主义、官僚主义突出问题；从《关于贯彻落实习近平总书记重要指示精神集中整治形式主义、官僚主义的工作意见》，到《关于统筹规范督查检查考核工作的通知》，再到中共中央办公厅发出《关于解决形式主义突出问题为基层减负的通知》，一系列的部署要求都在持续释放坚决破除形式主义、官僚主义的强烈信号。党的二十大报告再次重申，要重点纠治形式主义、官僚主义。广大年轻干部要深刻认清形式主义、官僚主义的实质及危害，牢固树立力戒形式主义、官僚主义的政治自觉、思想自觉和行动自觉。

【纪法依据】

《中华人民共和国公职人员政务处分法》第三十九条第（三）项规定，对“工作中有形式主义、官僚主义行为”的公职人员，造成不良后果或者影响的，给予处分；情节较重的，予以降级或者撤职；情节严重的，予以开除。

《关于新形势下党内政治生活的若干准则》规定，全党必须坚决反对形式主义、官僚主义、享乐主义和奢靡之风，领导干部特别是高级干部要以身作则。反对形式主义，重在解决作风飘浮、工作不实，文山会海、表面文章，贪图虚名、弄虚作假等问题。反对官僚主义，重在解决脱离实际、脱离群众，消极应付、推诿扯皮，作风霸道、迷恋特权等问题。

《中国共产党纪律处分条例》第一百三十二条规定，有下列行为之一，造成严重损害或者严重不良影响的，对直接责任者和领导责任者，给予警告或者严重警告处分；情节较重的，给予撤销党内职务或者留党察看处分；情节严重的，给予开除党籍处分：（一）热衷于搞舆论造势、浮在表面；（二）单纯以会议贯彻会议、以文件落实文件，在实际工作中不见诸行动；（三）脱离实际，不作深入调查研究，搞随意决策、机械执行；（四）违反精文减会有关规定搞文山会海；（五）在督查检查考核等工作中搞层层加码、过度留痕，增加基层工作负担；（六）工作中其他形式主义、官僚主义行为。

五、工作方面

1. 履职莫要不作为、乱作为

我们党的最大政治优势是密切联系群众，党执政后最大的危险是脱离群众。不作为、乱作为，漠视、损害群众利益，不践行全心全意为人民服务的宗旨，必然会引发人民群众不满，影响党群、干群关系，不仅给党、国家和人民利益以及公共财产造成较大损失，其危害性绝不亚于贪污受贿、中饱私囊。如果宽容这种行为，甚至放任不管，就是丧失原则，就是对人民的犯罪。

工作作风懈怠、不敢担当、怕负责任是不作为干部的突出表现形式。常见的有：（1）未履行职责，即在工作中拒绝履行职守或放弃职守；（2）擅离职守，即不按照有关法律、法规、规章制度的要求，在执行职务的时间里，擅自脱离工作岗位；（3）未尽职责，即履行职责有误、不得力，在职务活动中敷衍塞责，草率从事，不负责任，造成损失。这些行为与我们党全心全意为人民服务的根本宗旨背道而驰，党员干部要坚决摒弃。广大党员干部、公职人员要认真负责地执行公务，勤勤恳恳地为人民服务。恪尽职守、勤政为民，这不仅是由我们党和政府全心全意为人民服务的宗旨所决定的，还是每一名党员干部、公职人员应具备的职业道德。

【纪法依据】

《中华人民共和国刑法》第三百九十七条规定，国家机关工作人员滥用职权或者玩忽职守，甚至因徇私舞弊而滥用职权、玩忽职守，致使公共财产、国家和人民利益遭受重大损失的，依法定罪处罚。

《中华人民共和国公务员法》第五十九条第（四）项规定，公务员不得不担当，不作为，玩忽职守，贻误工作。第八十七条规定，领导成员因工作严重失误、失职造成重大损失或者恶劣社会影响的，或者对重大事故负有领导责任的，应当引咎辞去领导职务。

《中华人民共和国公职人员政务处分法》第三十九条规定，“不履行或者不正确履行职责，玩忽职守，贻误工作的”，造成不良后果或者影响的，予以处分；情节较重的，予以降级或者撤职；情节严重的，予以开除。

《中国共产党纪律处分条例》第一百二十六条规定，有下列行为之一，对直接责任者和领导责任者，情节较重的，给予警告或者严重警告处分；情节严重的，给予撤销党内职务或者留党察看处分：（一）对涉及群众生产、生活等切身利益的问题依照政策或者有关规定能解决而不及时解决，庸懒无为、效率低下，造成不良影响；（二）对符合政策的群众诉求消极应付、推诿扯皮，损害党群、干群关系；（三）对待群众态度恶劣、简单粗暴，造成不良影响；（四）弄虚作假，欺上瞒下，损害群众利益；（五）其他不作为、乱作为、慢作为、假作为等损害群众利益行为。第一百三十条规定，工作中不负责任或者疏于管理，贯彻执行、检查督促落实上级决策部署不力，给党、国家和人民利益以及公共财产造成较大损失的，对直接责任者和领导责任者，给予警告或者严重警告处分；造成重大损失的，给予撤销党内职务、留党察看或者开除党籍处分。党员领导干部对于到任前已经存在且属于其职责范围内的问题，消极回避、推卸责任，造成严重损害或者严重不良影响的，依照前款规定处理。第一百三十七条规定，滥用问责，或者在问责工作中严重不负责任，造成不良影响的，对直接责任者和领导责任者，给予警告或者严重警告处分；情节严重的，给予撤销党内职务处分。

2. 不要弄虚作假、瞒报虚报、欺上瞒下

所谓的“弄虚作假”，主要是指通过谎报业绩，掩盖工作中的错误和失误，以及编造虚假成绩和事迹等，欺骗领导机关、有关组织和人民群众，以达到获取表扬、荣誉或者避免批评、承担责任等目的的行为。无论是作假企图隐藏、遮掩问题，还是编造假经验、假典型，都是对党不忠诚、投机取巧的表现。

党纪国法对弄虚作假行为都作出了明确的处理规定，可是一些地方弄虚作假、瞒报虚报等行为仍有发生。宣传政绩搞假大空，出现问题和事故层层隐瞒，向上级汇报时对自己有利的大讲特讲，对自己不利的少讲或者不讲。这是一种不正之风，严重违背党的实事求是的思想路线，是官本位思想、名利思想在作祟。但是，弄虚作假、骗取荣誉、投机取巧只会弄巧成拙，最终会露出马脚，只能是“搬起石头砸自己的脚”。对党员干部来说，与其煞费苦心“造盆景”“刷数据”“捂盖子”，不如老实干工作、诚实看问题、踏实抓整改。只有拿出守土有责、守土负责、守土尽责的责任担当，拿出实实在在的成绩，才能经得起历史、人民、实践的检验。

【纪法依据】

《中华人民共和国统计法》第四十五条规定，利用虚假统计资料骗取荣誉称号、物质利益或者职务晋升的，除对其编造虚假统计资料或者要求他人编造虚假统计资料的行为依

法追究法律责任外，取消其荣誉称号，追缴获得的物质利益，撤销晋升的职务。

《中华人民共和国公职人员政务处分法》第三十九条第（四）项规定，“工作中有弄虚作假，误导、欺骗行为的”，造成不良后果或者影响的，予以处分；情节较重的，予以降级或者撤职；情节严重的，予以开除。

《中国共产党纪律处分条例》第一百二十六条第（四）项规定，“弄虚作假，欺上瞒下，损害群众利益”，对直接责任者和领导责任者，情节较重的，给予警告或者严重警告处分；情节严重的，给予撤销党内职务或者留党察看处分。第一百四十条规定，“在上级检查、视察工作或者向上级汇报、报告工作时对应当报告的事项不报告或者不如实报告，造成严重损害或者严重不良影响的”，对直接责任者和领导责任者，情节较重的，给予警告或者严重警告处分；情节严重的，给予撤销党内职务或者留党察看处分。“在上级检查、视察工作或者向上级汇报、报告工作时纵容、唆使、暗示、强迫下级说假话、报假情的”，从重或者加重处分。

《行政机关公务员处分条例》第二十二条规定，公务员“弄虚作假，误导、欺骗领导和公众的”，给予处分；情节严重的，开除公职。

3. 不要在引进资金、项目中拿奖金

党政干部在引进资金、项目后按一定比例或一定标准获取奖金或其他物质性奖励，实质上是从事经济生活中的有偿中介活动。这种活动容易诱发行贿受贿、贪污和私分国有资产，以及其他以权谋私行

为。为了加快经济发展，一些地方出台了适用于党政干部的招商引资奖励政策。在制定这些奖励政策时，应当充分考虑党和国家对党政干部廉洁从政的要求，并根据这些要求界定适用奖励政策的范围，如果有与条文精神相抵触的内容，就应当修改或者废止。推动地方经济的发展，是党政干部尤其是领导干部的职责和义务，不应获取额外报酬。单位可以在年终评优评先时，对积极引进资金、项目的党员干部给予鼓励。

【纪法依据】

《对党政干部因引进资金、项目按当地政府政策获取奖金等物质性奖励问题如何处理的答复》规定，党员领导干部不准从事有偿中介活动。这一廉政要求应当同样适用于非党员干部。因此，以下人员不应适用地方政府对引进资金、项目的物质奖励政策：（一）党和国家机关、人民团体中的党政干部；（二）具有行政管理职能的事业单位中的党政干部，其他事业单位中相当于县（处）级以上党政领导干部；（三）领导班子由省部级以上党委管理的企业的中层以上领导干部，领导班子由地厅级党委管理的企业的领导班子中的领导干部。上列人员为当地引进资金、项目做出重要贡献的，可作为年终评优和评选各种先进的参考条件予以鼓励。上列人员因引进资金、项目获取的奖金或其他物质性奖励，可由各级党委政府区别不同情况妥善处理。其中，以引进资金、项目获取奖励为名行贿受贿、贪污私分国有资产，以及有其他违纪违法行为的，应当严肃查处。今后，地方不得制定对党政干部因引进资金、项目予以奖金等物质性奖励的规定。

4. 在执纪执法中切勿玩忽职守

执纪执法工作直接关系党纪的严肃性和国家法律的尊严。在执纪执法中玩忽职守比在其他社会管理中的失职渎职危害更大。执纪执法人员麻木不仁、徇私枉法、玩忽职守，必然会妨碍党和国家机关的正常活动，败坏党和国家的声誉。如果造成冤假错案，还直接关系到党员的政治生命和人民群众的民主权利和人身权利。

从事纪检监察、公安、国家安全、检察、审判、司法工作以及从事海关、税务、工商、审计等行政执法工作的人员，构成执纪、行政执法和司法工作的主体。这些工作人员在具体实施党纪处分和具体实施法律的活动中，在按照规定的职权和程序处理案件时，必须认真而正确地履行自己的工作职责，做到一丝不苟，执法如山。否则，无论哪个环节疏忽，或者受利益驱动，受各种人情关系干扰，致使党、国家、集体和人民的利益遭受损失，都会受到严肃处理。现实中，常见的玩忽职守的情形有：(1) 在查处违纪违法案件中，瞒案不报、压案不办，或故意掩盖、歪曲违纪违法案件事实真相，不向上级报告；不依纪依法履行职责进行查处违纪违法案件，限制、阻挠、拖延对于违纪违法案件的查处。(2) 徇私舞弊，违法办案。表现在案件侦查、起诉、审理、审判、执行活动的各个环节。比如非法查封、扣押、冻结、没收公私财产，违法采取保全措施或者不履行法定执行职责；故意违背事实和法律作枉法裁判；私放在押人员、随意减刑、假释、暂予监外执行、帮助犯罪分子逃避处罚，对依照规定应当移交其他机关或者组织的案件不移交。(3) 暴力取证，刑讯逼供。如对违纪嫌疑人、犯罪嫌疑人和被告人使用捆绑、吊打等肉刑或让其冻饿、站立、不准睡觉等变相肉刑逼取口供。(4) 知错不改。如对组织上经过查证确属冤假错案，并明确批示予以纠正的情况下，仍以种种借口不予纠正等。(5) 对他人要求保护合法权益的申请，无正当理由不予答复和办理。（6）违反有关规定办案或不负责任导致有关人员伤亡等事件。对这些行为，直接责任人和负有领导责任人都将受到严肃处理。因此，执纪执法人员务必在工作中秉公执纪执法，实事求是，坚持原则，不得徇私枉法，不得侵犯执纪、行政执法和司法机关的正常活动，不得办冤假错案、办人情案，要使自己所经办的案件经得起历史的检验。

【纪法依据】

《中华人民共和国刑法》第二百四十七条、第三百九十九条、第四百条、第四百零一条、第四百零二条规定，司法工作人员对犯罪嫌疑人、被告人实行刑讯逼供或者使用暴力逼取证人证言的；司法工作人员徇私枉法、徇情枉法，对明知是无罪的人而使他受追诉、对明知是有罪的人而故意包庇不使他受追诉，或者在刑事审判活动中故意违背事实和法律作枉法裁判的；在民事、行政审判活动中故意违背事实和法律作枉法裁判，情节严重的；司法工作人员收受贿赂；司法工作人员私放在押的犯罪嫌疑人、被告人或者罪犯的；司法工作人员由于严重不负责任，致使在押的犯罪嫌疑人、被告人或者罪犯脱逃，造成严重后果的；司法工作人员徇私舞弊，对不符合减刑、假释、暂予监外执行条件的罪犯，予以减刑、假释或者暂予监外执行的；行政执法人员徇私舞弊，对依法应当移交司法机关追究刑事责任的不移交，情节严重的，分别予以刑事处罚。

《中华人民共和国行政处罚法》第六十二条规定，执法人员玩忽职守，对应当予以制止和处罚的违法行为不予制止、处罚，致使公民、法人或者其他组织的合法权益、公共利益和社会秩序遭受损害的，对直接负责的主管人员和其他直接责任人员依法给予行政处分；情节严重构成犯罪的，依法追究刑事责任。

《中国共产党纪律处分条例》第二十九条规定，党组织在纪律审查中发现党员有贪污贿赂、滥用职权、玩忽职守、权力寻租、利益输送、徇私舞弊、浪费国家资财等违反法律涉嫌犯罪行为的，给予撤销党内职务、留党察看或者开除党籍处分。

《中国共产党纪律检查机关监督执纪工作规则》第七十一条规定，对纪检监察干部越权接触相关地区、部门、单位党委（党组）负责人，私存线索、跑风漏气、违反安全保密规定，接受请托、干预审查调查、以案谋私、办人情案，侮辱、打骂、虐待、体罚或者变相体罚被审查调查人，以违规违纪违法方式收集证据，截留挪用、侵占私分涉案财物，接受宴请和财物等行为，依规依纪严肃处理；涉嫌职务违法、职务犯罪的，依法追究法律责任。

5. 切莫违规干预插手司法活动、执纪执法活动

党员领导干部干预插手司法活动、执纪执法活动主要有两种情况：一是该司法活动、执纪执法活动与党员领导干部本身有直接关系，他们与涉案人员形成了一个紧密的利益共同体，如果这些亲属和工作人员被查处，势必“拔出萝卜带起泥”，弄得自身难保，因此，他们竭力干预、插手，甚至干扰、阻碍；二是该司法活动、执纪执法活动与这些党员领导干部并没有直接关系，但可能涉及其亲友，或者受人请托，这些领导干部出于私情，置党纪国法于不顾，进行干预、插手。这些干预、插手行为有的严重影响司法公正和执纪执法活动的公正性，人为地增添了执纪执法和司法工作的难度，甚至使一些违纪

违法分子逍遥法外，得不到应有的惩罚，破坏了党纪国法的权威性，损害了党同人民群众的血肉联系。党员干部面对违规干预插手司法活动、执纪执法活动的情况，也要敢于坚持原则，自觉抵制这种行为，维护司法公正和执纪执法活动的公正性。

【纪法依据】

《中国共产党纪律处分条例》第一百四十二条第一款规定，违反有关规定干预和插手司法活动、执纪执法活动，向有关地方或者部门打听案情、打招呼、说情，或者以其他方式对司法活动、执纪执法活动施加影响，情节较轻的，给予严重警告处分；情节较重的，给予撤销党内职务或者留党察看处分；情节严重的，给予开除党籍处分。

《领导干部干预司法活动、插手具体案件处理的记录、通报和责任追究规定》第四条规定，司法机关依法独立公正行使职权，不得执行任何领导干部违反法定职责或法定程序、有碍司法公正的要求。第八条、第九条规定，领导干部有下列行为之一的，属于违法干预司法活动……（一）在线索核查、立案、侦查、审查起诉、审判、执行等环节为案件当事人请托说情的；（二）要求办案人员或办案单位负责人私下会见案件当事人或其辩护人、诉讼代理人、近亲属以及其他与案件有利害关系的人的；（三）授意、纵容身边工作人员或者亲属为案件当事人请托说情的；（四）为了地方利益或者部门利益，以听取汇报、开协调会、发文件等形式，超越职权对案件处理提出倾向性意见或者具体要求的；（五）其他违法干预司法活动、妨碍司法公正的行为。上述行为造成后果或者恶劣影响的，依照规定给予纪律处分；造成冤假错案或者其他严重后果，构成犯罪的，依法追究刑事责任。领导干部对司法人员进行打击报复的，依照规定给予纪律处分；构成犯罪的，依法追究刑事责任。

6. 切莫违规干预插手市场经济活动

社会主义市场经济是法治经济，是平等环境下竞争的经济。为了维护市场经济秩序，政府也在转变职能，按照市场经济规律，把那只“看不见的手”交还给市场。由于有巨大的利益，一些党政干部不愿意离开市场，还在干预和插手市场经济活动。党政干部干预和插手的行为，在破坏市场经济的同时，也中饱私囊。对此，《中国共产党纪律处分条例》第一百四十一条专门对违规干预和插手市场经济活动作出了规定。要避免这类违纪行为发生，一方面，党员干部要拒绝利益诱惑，不要动辄拿权力做交易；另一方面，要摒弃传统的行政管理方式，规范政府职能，不该管的事情不要揽，营造公平竞争环境，规范市场行为，引导企业“不找市长找市场”。此外，可以多做服务工作。要分清干预插手与服务的区别，干预插手是人为的扰乱破坏，有利益因素驱动；服务没有利益链，不会破坏市场经济规律，比如在法规范围内帮助市场解决困难等。经济调节、市场监管、社会管理和公共服务是行政机关需要履行的职能。

【纪法依据】

《中国共产党纪律处分条例》第一百四十一条规定，违反有关规定干预和插手市场经济活动，有下列行为之一，情节较轻的，给予警告或者严重警告处分；情节较重的，给予撤销党内职务或者留党察看处分；情节严重的，给予开除党籍处分：（一）干预和插手建设工程项目承发包、土地使用权出让、政府采购、房地产开发与经营、矿产资源开发利用、中介机构服务等活动；（二）干预和插手国有企业重组改制、兼并、破产、产权交易、清产核资、资产评估、资产转让、重大项目投资以及其他重大经营活动等事项；（三）干预和插手批办各类行政许可和资金借贷等事项；（四）干预和插手经济纠纷；（五）干预和插手集体资金、资产和资源的使用、分配、承包、租赁等事项。

7. 切莫违规干涉操纵工程建设和矿业开发

工程建设、矿产开发等重点领域和关键环节，竞争激烈、利润巨大，容易滋生权钱交易、利益输送，成为领导干部违规插手干预的“重灾区”。干涉操纵工程建设和矿业开发行为历来是党纪国法所不允许的，主要表现为以下几个方面。

一是关于违规干预和插手建设工程招标投标活动问题。“工程项目上马，领导干部倒下”就是形象比喻。在社会主义市场经济体制还不完善的情况下，社会资源配置主要通过市场和行政权力两种方式进行，这为经济领域“权力寻租”提供了机会。违反有关规定干预和插手建设工程招标投标活动，主要表现为领导干部违反法律法规及其他政策性规定或者议事规则，利用职权向相关部门采取暗示、授意、打招呼、批条子、指定、强令等方式，影响建设工程招标投标等正常的市场经济活动的行为。这些行为都是为个人或者亲友、请托人谋取不正当利益，其本质是以权谋私、权钱交易。

二是关于插手干预土地开发经营的问题。土地是重要的社会生产资源，土地的开发利用与一个地方的经济社会发展息息相关，有举足轻重的作用。同时，土地经济领域也是滋生腐败的高发区。违反规定插手干预土地使用权、矿业权审批和出让的情形主要有六种："要求有关部门对应当实行招标拍卖挂牌出让的土地使用权采用划拨、协议方式供地的；要求有关部门或者单位采用合作开发、招商引资、历史遗留问题等名义或者使用先行立项、先行选址定点确定用地者等手段规避招标拍卖挂牌出让的；影响土地使用权招标拍卖挂牌出让活动中竞买人的确定或者招标拍卖挂牌出让结果的；土地使用权出让金确定后，要求有关部门违反规定批准减免、缓缴土地使用权出让金的；要求有关部门为不符合供地政策的工程建设项目批准土地，或者为不具备发放国有土地使用证书条件的工程建设项目发放国有土地使用证书的；要求有关部门违反规定审批或者出让探矿权、采矿权的。"少数领导干部利用手中权力插手干预土地使用权、矿业权审批和出让，使其在土地矿业开发的经济活动中变味，酿成腐败。同时，随着有关制度逐步建立和行政行为不断规范，插手干预的方式也由明转暗，由直接转为间接，方法更加多变，方式更加隐蔽。

三是关于插手干预房地产开发经营问题。改革开放以来，房地产开发经营一直是市场经济活动的热点，而且与建设工程、经营性土地使用权出让领域一样是滋生腐败的高发区。主要是在土地供应、商品房销售和房地产交易登记、抵押登记、中介服务等管理环节中，容易出现违法违规、权钱交易的行为。为此，中央出台了一系列有关规定，把深入整顿和规范房地产市场秩序，强化对房地产市场的监管，作为加强党风廉政建设的重要内容。违反规定插手干预房地产开发经营活动的主要表现为："要求有关部门同意不具备房地产开发资质或者资质等级不相符的企业从事房地产开发与经营活动的；要求有关部门为不符合商品房预售条件的开发项目发放商品房预售许可证的；对未经验收或者验收不合格的房地产开发项目，要求有关部门允许其交付使用的；有其他违反规定插手干预房地产开发用地、立项、规划、建设和销售等的。"作为领导干部，要严格依法行政，坚决不能干预和插手房地产经济活动。

四是关于违规投资入股煤矿问题。煤矿发生安全生产事故，给人民群众生命财产造成重大损失，惨烈的情景令人触目惊心。客观地说，事故频发的原因是多方面的，但是，其中一个重要原因就是少数党员干部、公职人员和国有企业负责人在煤矿投资入股，公开或暗中包庇袒护矿主，使一些不具备安全生产条件的煤矿和非法开采的煤矿未能停产整顿或关闭取缔。为了减少煤矿安全生产事故的发生，国家在加强管理的同时，清理纠正党员干部、公职人员和国有企业负责人投资入股煤矿行为，并严肃查处事故背后隐藏的腐败问题。

【纪法依据】

《中国共产党纪律处分条例》第一百四十一条第（一）项规定，对“干预和插手建设工程项目承发包、土地使用权出让、政府采购、房地产开发与经营、矿产资源开发利用、中介机构服务等活动”的，情节较轻的，给予警告或者严重警告处分；情节较重的，给予撤销党内职务或者留党察看处分；情节严重的，给予开除党籍处分。

《违反规定插手干预工程建设领域行为处分规定》，第五条关于对“违反规定插手干预工程建设项目招标投标活动的”行为；第六条关于对“违反规定插手干预土地使用权、矿业权审批和出让的”行为；第八条关于对“违反规定插手干预房地产开发与经营活动”的行为，如有索贿受贿、为自己或者他人谋取私利的，给予记过或者记大过处分；情节较重的，给予降级或者撤职处分；情节严重的，给予开除处分。

《国务院关于预防煤矿生产安全事故的特别规定》第二十条规定，国家机关工作人员和国有企业负责人不得违反国家规定投资入股煤矿（依法取得上市公司股票的除外），不得对煤矿的违法行为予以纵容、包庇。国家行政机关工作人员和国有企业负责人违反规定的，根据情节轻重，给予降级、撤职或者开除的处分；构成犯罪的，依法追究刑事责任。

8. 切莫违规招投标

招标与投标，是相互对应、相互依存的一种经济活动形式。招标分为公开招标和邀请招标两种方式。公开招标，就是招标人以招标公告的方式邀请不特定的法人或者其他组织投标。邀请招标，就是招标人以投标邀请书的方式邀请特定的法人或者其他组织投标。所谓投标，则是具备法定资格条件和承担招标项目的相应能力的法人或者其他组织，依法响应招标、参加投标竞争的行为。现实中，一些单位对招标投标规定采取“上有政策、下有对策”的办法，违规进行招标投标，从中获取不义之财。

违规进行招标投标的表现主要有：（1）必须进行招标的项目不招标，将必须进行招标的项目化整为零，或者以其他任何方式规避招标。（2）依法必须进行招标的项目的招标人向他人透露已获取招标文件的潜在投标人的名称、数量或者可能影响公平竞争的有关招标投标的其他情况，泄露标底。（3）以不合理的条件限制或者排斥潜在投标人，对潜在投标人实行歧视待遇，强制要求投标人组成联合体共同投标，或者限制投标人之间竞争。（4）依法必须进行招标的项目的招标人违反法规，与投标人就投标价格、投标方案等实质内容进行谈判。（5）招标人与中标人不按照招标文件和中标人的投标文件订立合同，或者招标人、中标人订立背离合同实质性内容的协议。这些行为，往往表现在国有资金的工程项目中，关键在招标人、招标代理机构和评标委员会的工作人员。违规的招标投标行为，影响招标投标的公正性，损害国家利益、社会公共利益和招标投标活动当事人的合法权益。这些行为不仅破坏社会主义市场经济秩序，而且极易滋生腐败，必须坚决制止。

【纪法依据】

《中华人民共和国招标投标法》第三条第一款规定，在中华人民共和国境内进行下列工程建设项目包括项目的勘察、设计、施工、监理以及与工程建设有关的重要设备、材料等的采购，必须进行招标：（一）大型基础设施、公用事业等关系社会公共利益、公众安全的项目；（二）全部或者部分使用国有资金投资或者国家融资的项目；（三）使用国际组织或者外国政府贷款、援助资金的项目。第四条规定，任何单位和个人不得将依法必须进行招标的项目化整为零或者以其他任何方式规避招标。

《行政机关公务员处分条例》第二十一条第（五）项规定，公务员“对需要政府、政府部门决定的招标投标……事项违反规定办理的”，给予处分。

《违反规定插手干预工程建设领域行为处分规定》第五条规定，对违反规定插手干预工程建设项目招标投标的行为，索贿受贿、为自己或者他人谋取私利的，给予处分；情节严重的，予以开除。

9. 上缴国家财政切莫隐瞒、截留、坐支

在公共财政体制下，财政收入是应当上缴国家的税金、利润以及其他收入，包括中央、地方各级政府的财政收入，罚没收入及其他应

当上缴财政的收入。加强财政收入管理，是确保国家经济健康运行的重要措施，是关系国计民生的大事。因此，国家对财政收入有一套严格的管理制度，不允许有任何染指财政资金的行为。这里要区分破坏国家财政收入的几种情形：隐瞒，就是采取种种手段，将单位实际拥有的收入不让上级或有关部门知道；截留，就是有财政收入执收的单位及其工作人员对收取的财政收入款项，不按国家规定时间和期限缴入国库或财政专户，或者不按规定期限集中上缴、上划规定的部门；坐支，就是有财政收入执收的单位及其工作人员对按规定已收取的收入款项，不按规定及时缴入国库或财政专户，而直接用于冲抵列支单位工作经费、办案支出及其他费用支出，这是一种直接“以收抵支”、违反“收支两条线”管理规定的行为。

⚖【纪法依据】

《财政违法行为处罚处分条例》第四条规定，财政收入执收单位及其工作人员有下列违反国家财政收入上缴规定的行为之一的，对单位给予警告或者通报批评。对直接负责的主管人员和其他直接责任人员给予处分；情节严重的，开除公职：（一）隐瞒应当上缴的财政收入；（二）滞留、截留、挪用应当上缴的财政收入；（三）坐支应当上缴的财政收入；（四）不依照规定的财政收入预算级次、预算科目入库；（五）违反规定退付国库库款或者财政专户资金；（六）其他违反国家财政收入上缴规定的行为。

10. 切莫骗取国家财政拨款、退税款和补贴

党和国家机关、国有企业、事业单位、人民团体获得国家财政拨款等，是依照有关法律法规和规定的程序，提供真实的财务收支状况

和其他相关情况，本着“取之有据、用之有道、合理合法”的原则进行的。如果以虚构事实或歪曲事实的手段，非法骗取不应当得到的财政资金，不仅侵犯了国家对财政资金的所有权，还违反了国家财经管理制度，破坏了国家经济秩序。骗取国家财政拨款的现象，有如下几种情形：一是虚增财政支出数额，多领财政资金；二是虚报人员编制，骗取行政、事业经费；三是虚报预算所属单位数目，骗取财政拨款；四是虚报专门事项，冒领或多领财政专项资金；五是虚报政策性事项，多领财政补贴资金；六是编造特定事项、伪造资料，骗取财政贴息资金；七是其他虚报冒领、骗取财政拨款或者补贴的行为。骗取退税款，是指具有出口经营权的企业、事业单位，违反税收法规，采取虚报出口等欺骗手段，骗取国家出口退税款的行为。

【纪法依据】

《中华人民共和国刑法》第二百零四条规定，“以假报出口或者其他欺骗手段，骗取国家出口退税款的”，依法定罪处罚。

《财政违法行为处罚处分条例》第六条指出的国家机关及其工作人员违反规定“以虚报、冒领等手段骗取财政资金；截留、挪用财政资金；滞留应当下拨的财政资金；违反规定扩大开支范围，提高开支标准以及其他违反规定使用、骗取财政资金的行为”和第九条指出的单位和个人违反国家有关投资建设项目规定“截留、挪用国家建设资金；以虚报、冒领、关联交易等手段骗取国家建设资金；违反规定超概算投资；虚列投资完成额以及其他违反国家投资建设项目有关规定的行为”，作出处罚规定。对单位给予警告或者通报批评；对直接负责的主管人员和其他直接责任人员，给予处分；情节严重的，开除公职。

11. 切勿滥用问责

问责是为了尽责。种种问责泛化、简单化，以问责处分来推动工作的情况，让一些基层干部压力很大。问责泛化，可能导致基层干部工作瞻前顾后、畏首畏尾、身心俱疲，直接影响了积极性和创造性，大大降低了为民办事效率，失去问责意义。滥用问责，不但会使真正做事的人寒心，也会严重影响党委政府的形象和公信力，造成上下级对立抵触情绪，轻则不利于工作开展，重则将会严重制约政府职能部门履行职责、造成负面的社会影响。所以，各级党组织和领导干部应当发扬斗争精神，既敢于问责又善于问责，既严字当头又精准有效。

【纪法依据】

《中国共产党纪律处分条例》第一百三十七条规定，滥用问责，或者在问责工作中严重不负责任，造成不良影响的，对直接责任者和领导责任者，给予警告或者严重警告处分；情节严重的，给予撤销党内职务处分。

《中国共产党问责条例》第二十一条规定，问责决定作出后，发现问责事实认定不清楚、证据不确凿、依据不充分、责任不清晰、程序不合规、处理不恰当，或者存在其他不应当问责、不精准问责情况的，应当及时予以纠正。必要时，上级党组织可以直接纠正或者责令作出问责决定的党组织予以纠正。党组织、党的领导干部滥用问责，或者在问责工作中严重不负责任，造成不良影响的，应当严肃追究责任。

12. 不要违反财会法规

会计凭证、会计账簿、财务会计报告等是一个单位经济活动的反映，内容必须真实、完整，必须依照有关法律法规编制、管理、使用。会计工作人员必须认真履行职责，单位的主要领导人必须对会计资料的真实性、完整性负责。在现实中，一些单位违反会计法律法规和纪律的现象仍不同程度地存在，其中以做假账最为典型。

一般来说，在财务管理活动中，违反会计法律法规行为的主要表现形式有：（1）不依法设置会计账簿的；（2）私设会计账簿的；（3）未按照规定填制、取得原始凭证或者填制、取得的原始凭证不符合规定的；（4）以未经审核的会计凭证为依据登记会计账簿或者登记会计账簿不符合规定的；（5）随意变更会计处理方法的；（6）向不同的会计资料使用者提供的财务会计报告编制依据不一致的；（7）未按照规定使用会计记录文字或者记账本位币的；（8）未按照规定保管会计资料，致使会计资料毁损、灭失的；（9）未按照规定建立并实施单位内部会计监督制度或者拒绝依法实施的监督或者不如实提供有关会计资料及有关情况的；（10）任用会计人员不符合会计法规定的；（11）伪造、变造会计凭证、会计账簿，编制虚假财务会计报告的；（12）隐匿或者故意销毁依法应当保存的会计凭证、会计账簿、财务会计报告的；（13）授意、指使、强令会计机构、会计人员及其他人员伪造、变造会计凭证、会计账簿，编制虚假财务会计报告或者隐匿、故意销毁依法应当保存的会计凭证、会计账簿、财务会计报告的；（14）单位负责人对依法履行职责、抵制违反会计法规定行为的会计人员以降级、撤职、调离工作岗位、解聘或者开除等方式实行打击报复的等。具有上述行为的相关领导和直接责任人会被追究责任。

【纪法依据】

《中华人民共和国会计法》第四条规定，单位负责人对本单位的会计工作和会计资料的真实性、完整性负责。第五条规定，会计机构、会计人员依照本法规定进行会计核算，实行会计监督。第十三条第三款规定，任何单位和个人不得伪造、变造会计凭证、会计账簿及其他会计资料，不得提供虚假的财务会计报告。

13. 切勿统计造假

统计工作反映经济运行状况，是党委、政府科学决策的重要依据。没有高质量的统计，就没有高质量的决策，就会影响高质量发展。然而，在过去的一段时间里，统计造假在一定范围内还是存在的。统计造假，既是老问题，也是大难题。近年来，不管是一些地方的主动“挤水分”，还是一些被查处的统计违纪违法案件，都表明统计造假现象并未彻底消除。2023 年修订的《中国共产党纪律处分条例》，将统计造假行为和对统计造假失察行为纳入违反党的工作纪律行为的处分范畴，并作出严厉处分规定。对统计造假“零容忍”，才能保证统计数据的“真实性、准确性、完整性”。还要在干部考核评价中对肆意干扰统计工作的行为进行约束，引导干部树立正确的政绩观，重实干、办实事。

【纪法依据】

《中国共产党纪律处分条例》第一百三十九条规定，进行统计造假，对直接责任者和领导责任者，情节较轻的，给予警告或者严重警告处分；情节较重的，给予撤销党内职务或者留党察看处分；情节严重的，给予开除党籍处分。对统计造假失察，造成严重后果的，对直接责任者和领导责任者，给予警告或者严重警告处分；情节严重的，给予撤销党内职务、留党察看或者开除党籍处分。

《防范和惩治统计造假、弄虚作假督察工作规定》第十七条规定，统计督察工作人员应当严格遵守政治纪律、组织纪律、廉洁纪律、工作纪律等有关纪律要求。有“（一）对统计造假、弄虚作假问题瞒案不报、有案不查、查案不力，不如实报告统计督察情况，甚至隐瞒、歪曲、捏造事实的；（二）泄露统计督察工作中知悉的国家秘密、商业秘密、个人信息及其工作秘密的；（三）统计督察工作中超越权限造成不良后果的；（四）违反中央八项规定精神，或者利用统计督察工作便利，谋取私利或者为他人谋取不正当利益的；（五）有其他违反统计督察纪律行为的。”情形之一的，视情节轻重，给予批评教育、组织处理或者党纪政务处分；涉嫌犯罪的，移送有关机关依法处理。

14. 不要擅自开户公款私存

根据规定，党和国家机关、事业单位、人民团体等，每个单位只能在银行开设一个基本存款账户。但是，仍有一些单位违反规定，未经有关部门批准，以单位名义开设两个或者两个以上银行账户，就属于擅自开设银行账户，即人们常说的“多头开户”。众所周知，违反规定多头开户，往往与这些机关、单位、团体私设“小金库”、坐收坐支有关。多头开户客观上为这些单位违规开支开了方便之门，成为其逃避监督检查的“避风港”。从另一个层面剖析，多头开户往往是为了让公款逃避监管。

开户公款私存主要有三种形式：一是将一些单位边缘性收入、正常情况下不容易觉察的收入，以个人名义存储（就是通常说的“小金库”），待后私分或作其他违规开支；二是由单位领导授意具体经办人将公款存入私人账户，以便隐瞒收支情况，方便支取使用，同时单位也得到利息；三是个人行为，即经手管理公款的人员违反规定，私自将公款存入个人账户，以获取银行利息收入，这种行为的实质与挪用公款从事营利活动无异。公款私存不但违反了国家的财政制度，而且极易诱发贪污腐败行为。由此可见，严禁多头开户，严格规范单位开设银行账户，既是加强预算管理、推进国库管理制度改革的基础性工作，也是强化资金监管、提高腐败治理效能的重要措施。党员干部和相关工作人员必须坚决执行。

【纪法依据】

《中华人民共和国商业银行法》第四十八条规定，企业事业单位可以自主选择一家商业银行的营业场所开立一个办理日常转账结算和现金收付的基本账户，不得开立两个以上基本账户。任何单位和个人不得将单位的资金以个人名义开立账户存储。

《财政违法行为处罚处分条例》第十一条规定，国家机关及其工作人员违反国家有关账户管理规定，擅自在金融机构开立、使用账户的，责令改正，调整有关会计账目，追回有关财政资金，没收违法所得，依法撤销擅自开立的账户。对单位给予警告或者通报批评。对直接负责的主管人员和其他直接责任人员给予相应处分。第十七条规定，单位和个人违反财务管理的规定，私存私放财政资金或者其他公款的，责令改正，调整有关会计账目，追回私存私放的资金，没收违法所得。对单位、直接负责的主管人员和其他直接责任人员处以罚款。属于国家公务员的，还应当给予相应处分。

15. 不要违反国有资产管理规定

国家以各种形式投资和投资收益形成的财产，以及依据法律法规被认定为国有资产的其他财产，都属于国有资产。国有资产的流失与其他国家财产的损失一样，都是必须引起重视的。国家制定的一系列法规制度，目的就是要求在社会主义市场经济形势下，国有资产保值增值。因此，负有管理、经营、使用国有资产职责的部门和单位，特别是国有企业，应当依照法规管好用好国有资产，切实维护国家和企业利益。

导致国有资产流失的主要原因有：（1）违反国有资产管理规定；（2）在签订履行合同中因严重不负责任被骗；（3）滥用职权。造成国有资产流失的主要表现有：（1）将国有资产落户或者变相落户至私人名下；（2）低价出售、低价折股、无偿处置给其他单位、个人；（3）在其他管理环节上徇私舞弊；（4）未发现或虽发现国有资产流失，却不及时制止，堵塞漏洞。这些做法侵犯了国家对国有资产的正常管理制度和对国有资产的所有权。关于违反规定造成国有资产流失的主体，既可以是单位，也可以是个人。主体是单位的，追究单位主要责任人员和其他直接责任人员的责任。

【纪法依据】

《中华人民共和国刑法》第一百六十七条、第一百六十八条、第一百六十九条规定，国有公司、企业、事业单位直接负责的主管人员，在签订、履行合同过程中，因严重不负责任被诈骗，致使国家利益遭受重大损失的；国有公司、企业的工作人员，由于严重不负责任或者滥用职权，造成国有公司、企业破产或者严重损失，致使国家利益遭受重大损失的；国有公司、企业或者其上级主管部门直接负责的主管人员，徇私舞弊，将国有资产低价折股或者低价出售，致使国家利益遭受重大损失的，分别予以刑事处罚。

《企业国有资产监督管理暂行条例》第三十八条规定，

国有及国有控股企业的企业负责人滥用职权、玩忽职守，造成企业国有资产损失的，应负赔偿责任，并对其依法给予纪律处分；构成犯罪的，依法追究刑事责任。

《中国共产党纪律处分条例》第二十九条规定，党组织在纪律审查中发现党员有贪污贿赂、滥用职权、玩忽职守、权力寻租、利益输送、徇私舞弊、浪费国家资财等违反法律涉嫌犯罪行为的，应当给予撤销党内职务、留党察看或者开除党籍处分。

16. 不要违规提供担保

所谓担保，就是在经济活动中，保证人和债权人约定，当债务人不履行债务时，保证人按照约定履行债务或者承担责任的行为。法律规定的担保方式有保证、抵押、质押、留置和定金。担保是一种非常严肃的行为，担保就意味着风险。国家法律和党规党纪对为他人提供担保的行为有严格规范，即党和国家机关，以公益为目的的事业单位、社会团体，如学校、幼儿园、医院、科协等，国有企业法人的分支机构和职能部门、银行等金融机构，不能为他人提供担保。任何单位和个人都不得强令上述主体为他人提供担保。在现实中，一些机关、团体、企业、事业单位不遵守纪律，不考虑风险因素，或者出于利益的驱使，违规为他人提供担保，这样做，有的是“搬起石头砸自己的脚”，最后只能替他人还债；有的是因负连带责任，官司缠身，麻烦不断。这种行为既损害了集体的利益，侵犯了正常的市场经济秩序，又影响了党和政府的形象，还容易引发腐败问题。按照相关纪法规定，对违规担保并造成严重后果的，会追究担保单位领导和直接责任人的责任。

【纪法依据】

《中华人民共和国民法典》第六百八十三条规定，机关法人不得为保证人，但是经国务院批准为使用外国政府或者国际经济组织贷款进行转贷的除外。以公益为目的的非营利法人、非法人组织不得为保证人。

17. 拒绝走私

什么是走私？根据《中华人民共和国海关法》规定，违反海关法及有关法律、行政法规，逃避海关监管，偷逃应纳税款、逃避国家有关进出境的禁止性或者限制性管理，运输、携带、邮寄国家禁止或者限制进出境货物、物品或者依法应当缴纳税款的货物、物品进出境的，是走私行为；未经海关许可并且未缴纳应纳税款、交验有关许可证件，擅自将保税货物、特定减免税货物以及其他海关监管货物、物品、进境的境外运输工具，在境内销售的，也是走私行为。走私破坏国家对进出口物品的控制、管理和监督，逃避国家税收，危害国家经济主权，历来为法纪所禁止。在我国，如果是违反海关法规，逃避海关监管，非法运输、携带、邮寄国家禁止、限制进出口的货物、物品进出国（边）境，偷逃关税，破坏国家外贸经济秩序的，就是走私。现实中，虽然党员干部直接走私的不多，但很多走私大案都有党和国家工作人员参与，其中，或为其提供便利，或充当“保护伞”。这些都必须严肃处理。我国法律对走私行为的惩罚较为严厉，对诸如走私武器、弹药、核材料、假币、文物、贵重金属、珍贵动物、珍稀植物、淫秽物品、毒品等都课以重刑。这里还应注意的是，所谓逃避海关监管，就是在不设海关的边境线非法运输货物进出境，或者虽然经过海关，但以藏匿、伪装、假报过境物品等手段，欺骗海关检查人员，偷运、偷带、偷寄物品过关的行为。

单位走私的表现有：（1）由单位集体研究决定，或由单位的负责人或者被授权的其他人员决定、同意，以单位名义组织的走私；（2）为单位谋取不正当利益或者违法所得大部分归单位所有。至于个人为进行违法犯罪活动而设立的公司、企业、事业单位实施犯罪的，或者个人设立公司、企业单位后，以实施犯罪为主要活动的，不属于单位走私。是否构成单位走私，应根据单位组织走私的次数、频度、持续时间、单位所进行合法经营的状况等因素综合考虑认定。

【纪法依据】

《中华人民共和国刑法》规定，对走私货物及武器、文物、黄金、白银、淫秽音像物品、固体液态气态废物等物品行为，依法定罪处罚。

18. 不要违反计算机信息管理规定

违反计算机管理规定主要表现为违规侵入、破坏计算机信息系统。计算机信息系统是由计算机及其相关的配套设备、设施构成的，按一定的运用目标和规则对信息进行采集、加工、存储、检索等处理的系统。党员干部必须严格遵守关于计算机管理的法律规定。违规侵入、破坏计算机信息系统的行为损害了党、国家和人民的利益。如果这些行为非法侵入国家事务、国防建设、尖端科学技术领域的计算机系统，或致使计算机信息系统功能部分或全部遭受破坏；修复耗资较大、耗时较长；严重影响正常工作，给被害单位或个人造成较大损失，就构成非法侵入计算机信息系统罪、破坏计算机信息系统罪。

年轻干部不要出于任何心理、不要以任何理由，违规入侵破坏他人或者单位计算机信息系统，这样做不仅是不道德的行为，还将受到法律的严惩。

⚖【纪法依据】

《中华人民共和国刑法》第二百八十五条、第二百八十六条规定，违反国家规定，“侵入国家事务、国防建设、尖端科学技术领域的计算机信息系统”“对计算机信息系统功能进行删除、修改、增加、干扰，造成计算机信息系统不能正常运行”“对计算机信息系统中存储、处理或者传输的数据和应用程序进行删除、修改、增加的操作”“故意制作、传播计算机病毒等破坏性程序，影响计算机系统正常运行”，后果严重的，依法定罪处罚。

六、生活方面

1. 不要干涉他人婚姻自由

婚姻自由包括结婚自由和离婚自由两个方面。我国法律保护婚姻自由。在现实生活中，一些党员干部、公职人员受封建包办婚姻、门当户对、父母之命、媒妁之言等陈腐观念和经济利益的影响，干涉他人的婚姻自由。常见的有：强迫被干涉者与某人恋爱、结婚、离婚；强迫被干涉者不与某人恋爱、结婚、离婚；强迫某人与自己结婚、离婚；等等。如果以暴力干涉他人婚姻自由，就触犯了刑法，应追究其刑事责任。

【纪法依据】

《中华人民共和国宪法》第四十九条规定，禁止破坏婚姻自由。

《中华人民共和国刑法》第二百五十七条规定，“以暴力干涉他人婚姻自由的”，甚至“致使被害人死亡的”，依法定罪处罚。

《中华人民共和国民法典》第一千零四十二条第一款规定，禁止包办、买卖婚姻和其他干涉婚姻自由的行为。禁止借婚姻索取财物。

2. 不得与他人发生不正当性关系

生活作风问题不是小事。现实中，年轻干部生活作风不检点，就容易引发其他腐败行为。《中华人民共和国民法典》规定，实行婚姻自由、一夫一妻、男女平等的婚姻制度。保护妇女、未成年人、老年人、残疾人的合法权益。但是，一些党员干部受资产阶级腐朽、奢靡生活方式的影响，肆意放纵自己的行为。这些行为既违反纪律，也触犯法律，应予严肃追究。“与他人发生不正当性关系，造成不良影响的”，一般应具备三个条件：一是双方必须发生了不正当的性关系；二是不正当的性关系必须基于双方自愿发生且不以金钱、财物为媒介；三是造成不良影响。所谓“不正当性关系”，包括双方均有配偶或者一方有配偶而自愿发生不正当性关系；或者通过诱骗或者其他手段，与一名或多名对象发生性关系等情况。

这里有几种情形需要注意：（1）有配偶的男女之间以及有配偶的男女一方与他人之间自愿发生婚外性行为的，属于通奸。与现役军人配偶之间自愿发生婚外性行为的，属于与现役军人配偶通奸。现役军人是指具有军籍的正在服役的解放军和武警官兵，现役军人配偶是依法与现役军人有婚姻关系的夫或妻。（2）重婚既包括已有配偶又与他（她）人办理结婚登记手续后成立的婚姻关系，也包括已有配偶又与他（她）人以夫妻名义公开同居生活，群众也公认他们是夫妻关系但未依法登记的非法同居关系。重婚行为具体表现为两种：一是有配偶而与他人登记结婚或非法同居；二是无配偶但明知他人有配偶而与之登记结婚或非法同居。（3）男女双方以给对方提供全部或部分生活费用为条件与对方保持经常的或稳定的性关系的行为，属于包养情妇（夫）。

生活作风问题，不能完全看作个人小节问题，尤其是党员干部，必须在欲望面前守住底线。大量案件表明，很多党员干部腐化堕落、蜕化变质，都是从生活作风方面出现问题开始的。年轻干部绝不可以贪图一时之快，将责任、声誉、党性皆抛之脑后，冲动的后果必将是无尽的悔恨。

⚖【纪法依据】

《中华人民共和国刑法》第二百五十八条、第二百五十九条规定，有配偶而重婚的，或者明知他人有配偶而与之结婚的；明知是现役军人的配偶而与之同居或者结婚的，依法定罪处罚。

《中华人民共和国民法典》第一千零四十二条第二款规定，禁止重婚。禁止有配偶者与他人同居。

《中国共产党纪律处分条例》第一百五十一条规定，与他人发生不正当性关系，造成不良影响的，给予警告或者严重警告处分；情节较重的，给予撤销党内职务或者留党察看处分；情节严重的，给予开除党籍处分。利用职权、教养关系、从属关系或者其他相类似关系与他人发生性关系的，从重处分。

《行政机关公务员处分条例》第二十九条第一款第（三）项规定，公务员“包养情人的”，给予处分；情节严重的，开除公职。

3. 不要利用特定地位与他人发生性关系

利用特定地位与他人发生性关系指的是利用职权关系、教养关系、从属关系等与他人发生关系。“利用职权”主要是指与对方有直接或间接的领导与被领导等关系，能利用本人职务范围内的权力或者与职务有关的便利条件对对方产生影响。“教养关系”主要是指教育与养育关系，比如师生关系、师徒关系、监护人与被监护人的关系。“从属关系”一般是指上下级关系、管理者与被管理者的关系。“其他相类似关系”主要是指与利用职权、教养关系、从属关系在性质上相类似的关系，如雇佣关系等。“利用特定地位与他人发生性关系”行为比一般的婚外性关系更为恶劣，相对一方往往处于弱势地位，严重危害了社会伦理道德，属于与他人发生不正当性关系行为中情节较重的情形，会受到“从重处分”。

【纪法依据】

《中华人民共和国刑法》第二百五十九条第二款规定，利用职权、从属关系，以胁迫手段奸淫现役军人的妻子的，依法定罪处罚。

《中国共产党纪律处分条例》第一百五十一条规定，与他人发生不正当性关系，造成不良影响的，给予警告或者严重警告处分；情节较重的，给予撤销党内职务或者留党察看处分；情节严重的，给予开除党籍处分。利用职权、教养关系、从属关系或者其他相类似关系与他人发生性关系的，从重处分。

4. 不要虐待、遗弃家庭成员

抚养未成年的或不能独立生活的子女，赡养无劳动能力的或生活困难的父母，是中华民族的传统美德，它维系着每个家庭的和睦与稳定。父母对子女有抚养教育的义务和子女对父母有赡养扶助的义务，禁止虐待、遗弃家庭成员。现实生活中，确有拒不承担抚养教育义务、赡养义务的党员干部，甚至也有虐待、遗弃家庭成员的党员干部。这些人的行为与传统美德、党纪国法的要求背道而驰，情节恶劣的，还会触犯刑法，应依纪依法严肃处理。虐待家庭成员的行为，在日常生活中表现为用残暴、狠毒的手段，对家庭成员进行肉体上和精神上的摧残、折磨与迫害，其手段多种多样，包括殴打、捆绑、针扎、火烫、体罚等肉体虐待和侮辱人格、咒骂、讽刺、不让参加社会活动等精神上的虐待。遗弃家庭成员的行为，在日常生活中表现为对于家庭成员中的年老、年幼、患病或者其他没有独立生活能力的人，负有抚养义务而拒绝抚养的行为，其基本表现形式是不作为和消极的不履行抚养义务。

【纪法依据】

《中华人民共和国宪法》第四十九条第三款、第四款规定，父母有抚养教育未成年子女的义务，成年子女有赡养扶助父母的义务。禁止虐待老人、妇女和儿童。

《中华人民共和国刑法》第二百六十条、第二百六十一条规定，虐待家庭成员，情节恶劣的；对于年老、年幼、患病或者其他没有独立生活能力的人，负有扶养义务而拒绝扶养，情节恶劣的，依法定罪处罚。

《行政机关公务员处分条例》第二十九条第一款第（一）、（二）项规定，公务员“拒不承担赡养、抚养、扶养义务的；虐待、遗弃家庭成员的”，给予处分；情节严重的，开除公职。

5. 不要赌博

赌博对治安的危害较大，党员干部参加赌博对社会造成的负面影响更大。因此，党和国家一直在治理党员干部赌博，特别是严肃治理党员干部出国（境）赌博，一经发现，坚决处理。党员干部应该严格遵守，不管在任何时间、任何地点，不管以任何方式，都不能参与赌博，也不能为赌博提供条件。同时，还应劝阻参加赌博或为赌博提供条件的亲友。

【纪法依据】

《中华人民共和国刑法》第三百零三条规定，以营利为目的，聚众赌博、开设赌场或者以赌博为业的，依法定罪处罚。

《中华人民共和国公职人员政务处分法》第四十条第二款规定，吸食、注射毒品，组织赌博，组织、支持、参与卖淫、嫖娼、色情淫乱活动的，予以撤职或者开除。

《行政机关公务员处分条例》第三十二条规定，公务员“参与赌博的”，给予处分。“为赌博活动提供场所或者其他便利条件的”“在工作时间赌博的”“挪用公款赌博的”，给予处分。“利用赌博索贿、受贿或者行贿的”，依照第二十三条的规定给予处分。

《农村基层干部廉洁履行职责若干规定（试行）》第八条第（三）项规定，不准参与色情、赌博、吸毒、迷信、邪教等活动或者为其提供便利条件。

6. 不要扰乱社会公共秩序

维护社会公共秩序，是确保社会稳定和人民群众安居乐业的重要措施。党员干部是社会管理的重要力量，每个党员干部都有责任维护好当地的公共秩序。如果党员干部不履行责任，反而扰乱、破坏社会公共秩序，那就大错特错了。在这里，要区分几种情形：使生产、交通、工作等正常秩序产生混乱的行为，属于扰乱公共秩序；使生产、交通、工作等正常活动被迫停止或者中断，属于破坏公共秩序。扰乱和破坏公共秩序分为暴力性的和非暴力性的两种。暴力扰乱、破坏的表现方式包括聚众侵入工作场所；殴打、威胁工作人员；肆意损坏办公用品；毁弃文件材料；强行滞留工作人员；等等。非暴力扰乱、破坏的表现方式包括在工作场所哄闹、纠缠、辱骂，封闭出入通道，占据工作场所等。

年轻干部要时刻注意自己的言行，带头遵守社会公德，禁止在公共场所随意刻画、涂污、便溺，禁止破坏文物、名胜古迹。

【纪法依据】

《中华人民共和国公职人员政务处分法》第四十条规定，“违背社会公序良俗，在公共场所有不当行为，造成不良影响的”，予以处分；情节较重的，予以降级或者撤职；情节严重的，予以开除。

《中华人民共和国治安管理处罚法》第二十三条规定，扰乱机关、团体、企业、事业单位秩序，致使工作、生产、营业、医疗、教学、科研不能正常进行，尚未造成严重损失的；扰乱车站、港口、码头、机场、商场、公园、展览馆或者其他公共场所秩序的；扰乱公共汽车、电车、火车、船舶、航空器或者其他公共交通工具上的秩序的；非法拦截或者强登、扒乘机动车、船舶、航空器以及其他交通工具，影响交通工具正常行驶的，予以治安处罚。

《中国共产党纪律处分条例》第一百五十三条规定，违背社会公序良俗，在公共场所、网络空间有不当言行，造成不良影响的，给予警告或者严重警告处分；情节较重的，给予撤销党内职务或者留党察看处分；情节严重的，给予开除党籍处分。

7. 不得编造散播虚假恐怖信息

党员干部在没有事实根据的情况下，凭空捏造一些虚构的与事实不相符的信息，或者明知是虚假、有害的信息，仍以各种方式散布给其他人，这种行为是妨害社会管理秩序的行为，编造、散播有害信息的人会受到纪律处分和法律制裁。这里需要注意的是，上述行为与编造、故意传播虚假、恐怖信息罪的区别。如果行为人编造爆炸威胁、生化威胁、放射威胁等恐怖信息，或者明知编造的是恐怖信息而故意传播，严重扰乱了社会秩序，则构成犯罪。

⚖【纪法依据】

《中华人民共和国刑法》第二百九十一条之一规定，投放虚假的爆炸性、毒害性、放射性、传染病病原体等物质，或者编造爆炸威胁、生化威胁、放射威胁等恐怖信息，或者明知是编造的恐怖信息而故意传播，严重扰乱社会秩序的，依法定罪处罚。

《中华人民共和国治安管理处罚法》第二十五条规定，对“散布谣言，谎报险情、疫情、警情或者以其他方法故意扰乱公共秩序的；投放虚假的爆炸性、毒害性、放射性、腐蚀性物质或者传染病病原体等危险物质扰乱公共秩序的；扬言实施放火、爆炸、投放危险物质扰乱公共秩序的”，予以治安处罚。

8. 不要妨碍公务

所谓妨碍公务，就是行为人采取暴力、威胁或其他手段，妨碍党和国家工作人员或者其他从事公务的人员依纪依法执行公务的行为。常见的有如下表现：一是使用暴力的，即对依纪依法执行公务的人员实行拘禁、捆绑、殴打等，妨碍其执行公务；或者对办公处所、设施实施暴行，如砸烂门窗、毁坏办公用品等方法，阻碍公职人员依纪依法执行公务、履行职责；二是使用威胁手段的，即以加害依纪依法执行公务的人员或其家属的人身、毁损他们的财产，或破坏其名誉，迫使公职人员不能依法执行公务和履行职责；三是使用其他手段，如设置路障、围堵起哄，妨碍公职人员依纪依法执行公务。这些都属违纪行为。如果是阻碍国家机关工作人员、各级人民代表大会代表依法执行职务，阻碍红十字会工作人员在自然灾害和突发事件中依法履行职责，阻碍国家安全机关、公安机关依法执行任务，造成严重后果，就构成妨碍公务罪，会受到法律制裁。

【纪法依据】

《中华人民共和国治安管理处罚法》第五十条规定，对“拒不执行人民政府在紧急状态情况下依法发布的决定、命令的；阻碍国家机关工作人员依法执行职务的；阻碍执行紧急任务的消防车、救护车、工程抢险车、警车等车辆通行的；强行冲闯公安机关设置的警戒带、警戒区的”，予以治安处罚。

《行政机关公务员处分条例》第二十五条第（四）项规定，公务员“妨碍执行公务或者违反规定干预执行公务的”，给予处分；情节严重的，开除公职。

9. 不要伪造或买卖证件印章

公文、证件、印章是非常严肃的公务文件、凭证，具有法律效力，任何人不得伪造、变造或买卖，不得使用伪造品。这里要分清伪造、变造、买卖公文、证件、印章的几种情形：没有制作权限而冒用党和国家机关、企业事业单位、人民团体的名义，制作虚假公文、证件、印章的，为伪造行为；采取涂改、拼接等方式对公文、证件、印章进行加工改制的，为变造行为；以金钱或其他财物为代价非法买进或卖出公文、证件、印章的，为买卖行为；明知是伪造的党和国家机关、企业事业单位、人民团体的公文、证件、印章而进行买卖、使用的，为买卖、使用伪造公文、证件、印章行为。此外，伪造、变造学历、文凭，明知是伪造的学历文凭而使用、买卖等，也是违纪行为。这些行为侵犯了党和国家机关、企业事业单位、人民团体的正常管理秩序和信誉，它是为谋取个人私利而采用的欺骗组织、欺骗群众的行为。如造成严重后果，触犯刑法的，应处以刑罚。

【纪法依据】

《中华人民共和国刑法》第二百八十条规定，“伪造、变造、买卖或者盗窃、抢夺、毁灭国家机关的公文、证件、印章的”“伪造公司、企业、事业单位、人民团体的印章的”“伪造、变造、买卖居民身份证、护照、社会保障卡、驾驶证等”，依法定罪处罚。

10. 不得包庇违法犯罪

党员干部、公职人员应自觉同违法犯罪行为作斗争，更应有较强的法律意识及遵纪守法的自觉性，营造良好的社会主义法治环境。但现实生活中，一些党员干部、公职人员出于各种利益关系或亲友关系，向司法机关作虚假证明，伪造和编造证据、隐藏证据、毁灭证据，或者帮助犯罪分子隐藏、逃跑，包庇违法犯罪分子。这种行为应依纪依法严惩。同时，也存在由于丧失警惕，被犯罪分子蒙骗，以致为犯罪分子实施犯罪活动提供方便条件，如提供住处、交通工具、资金、证件等物质条件以及其他便利条件，尽管主观上不是故意的，但是客观上已造成了为犯罪分子实施犯罪活动提供方便条件的事实，应该承担纪法责任。需要注意的是，如果党员干部、公职人员明知他人在实施犯罪活动而提供方便条件，就应按照包庇、窝藏等论处，事前有通谋和约定的，则按所实施犯罪的共犯处理。

【纪法依据】

《中华人民共和国刑法》第二百九十四条、第三百一十条规定，国家机关工作人员包庇黑社会性质的组织，或者纵容黑社会性质的组织进行违法犯罪活动的；明知是犯罪的人而为其提供隐藏处所、财物，帮助其逃匿或者作假证明包庇的，依法定罪处罚。事前通谋的，以共同犯罪论处。

《中华人民共和国行政处罚法》第六十一条规定，行政机关为牟取本单位私利，对应当依法移交司法机关追究刑事责任的不移交，以行政处罚代替刑罚，由上级行政机关或者有关部门责令纠正；拒不纠正的，对直接负责的主管人员给予行政处分；徇私舞弊、包庇纵容违法行为的，依照刑法有关规定追究刑事责任。

11. 自觉抵制卖淫嫖娼

治安管理处罚法、刑法都对卖淫嫖娼以及与卖淫嫖娼相关的行为作出严禁的规定，对违反者给予严厉处罚。卖淫嫖娼行为指男女双方以一方付出、一方收受金钱财物为交换条件，自愿发生不正当性关系的行为。此外，与卖淫嫖娼相关的一些行为，也在严禁之列。这些情形有：（1）策划、指挥、安排他人进行卖淫嫖娼活动，包括建立、设置卖淫嫖娼窝点，也包括网罗卖淫嫖娼者并为其提供卖淫嫖娼条件的行为，属于组织卖淫嫖娼；（2）以暴力、胁迫或者其他手段，违背他人意志，迫使他人卖淫嫖娼的行为，属于强迫卖淫嫖娼；（3）以金钱诱惑或灌输淫乱思想等手段勾引、诱使他人卖淫嫖娼的行为，属于引诱卖淫嫖娼；（4）为他人卖淫嫖娼提供场所，如房屋、汽车、果园、林地等的行为，属于容留卖淫嫖娼；（5）明知他人没有卖淫嫖娼的意图，以语言、动作或其他方式使他人产生卖淫嫖娼的意图，并使他人实施或可能实施卖淫嫖娼，属于教唆卖淫嫖娼；（6）明知他人进行卖淫嫖娼活动，而为其提供介绍、容留卖淫嫖娼以外的其他有利于卖淫嫖娼活动得以实现的条件，如为他人的卖淫嫖娼活动提供金钱、物质帮助，或交通工具等，属于故意为卖淫嫖娼提供方便条件。上述行为妨害了社会管理秩序，败坏了社会风气，要受到党纪国法的处罚。

【纪法依据】

《中华人民共和国刑法》第三百五十八条、第三百五十九条、第三百六十条规定，组织、强迫他人卖淫的；引诱、容留、介绍他人卖淫的；明知自己患有梅毒、淋病等严重性病卖淫、嫖娼的，依法定罪处罚。第三百六十一条规定，旅馆业、饮食服务业、文化娱乐业、出租汽车业等单位的人员，利用本单位的条件，组织、强迫、引诱、容留、介绍他人卖淫的，依法定罪处罚。属上述单位主要负责人的，从重处罚。

《中华人民共和国公职人员政务处分法》第四十条第二款规定，吸食、注射毒品，组织赌博，组织、支持、参与卖淫、嫖娼、色情淫乱活动的，予以撤职或者开除。

《中华人民共和国治安管理处罚法》第六十六条、第六十七条规定，卖淫、嫖娼的；引诱、容留、介绍他人卖淫的，处以治安处罚。

《行政机关公务员处分条例》第三十一条规定，公务员组织、支持、参与卖淫、嫖娼的，给予撤职或者开除处分。

12. 拒绝贩毒吸毒

我国实行禁毒政策，严厉打击贩毒犯罪，坚决制止吸毒行为。随着这些年的禁毒宣传，毒品对人类造成的危害，已是众所周知。毒品包括鸦片、海洛因、甲基苯丙胺（冰毒）、吗啡、大麻、可卡因等。违反国家有关毒品、精神药品或者其他违禁品管理或管制的规定，吸食、注射、制造、运输、贩卖毒品的，都在禁止之列。每个公民都应该自觉拒绝毒品，远离毒品，珍爱生命，年轻干部尤其如此。

【纪法依据】

《中华人民共和国刑法》第三百四十七条第一款规定，走私、贩卖、运输、制造毒品，无论数量多少，都应当追究刑事责任，予以刑事处罚。第三百四十九条规定，缉毒人员或者其他国家机关工作人员掩护、包庇走私、贩卖、运输、制造毒品的犯罪分子的，从重处罚。

《中华人民共和国公职人员政务处分法》第四十条第二款规定，吸食、注射毒品，组织赌博，组织、支持、参与卖淫、嫖娼、色情淫乱活动的，予以撤职或者开除。

《中华人民共和国公务员法》第五十九条第（十三）项规定，公务员不得参与或者支持色情、吸毒、赌博、迷信等活动。

《中华人民共和国治安管理处罚法》第七十二条第（三）项规定，“吸食、注射毒品的”，予以治安处罚。

《行政机关公务员处分条例》第三十一条规定，公务员“吸食、注射毒品的”，给予处分。

负面行为避免方法

（一）树立远大理想，避免内心空虚

2022 年 5 月，习近平总书记在庆祝中国共产主义青年团成立 100 周年大会上发表重要讲话指出，要做理想远大、信念坚定的模范，带头学习马克思主义理论，树立共产主义远大理想和中国特色社会主义共同理想，自觉践行社会主义核心价值观，大力弘扬爱国主义精神。内心空虚的人没有理想、没有追求，精神恍惚，看不见前进的方向，在政治上容易受拉拢腐蚀。这种人在关键的时候，表现为立场不坚定，一有风吹草动，就会站错队。年轻干部消除空虚应做到以下几点。

1. 工作、生活要有精神力量和精神支柱。人是要有点精神的，活着就应有所追求。特别是党员干部必须树立远大的理想和坚定的信念，才能战胜所遇到的困难和挫折。

2. 注意对世界观的改造。树立正确的世界观、人生观和价值观，是对党员干部的基本要求。特别要树立社会主义核心价值观，解决对荣与耻、正确与错误、先进与落后的认识问题，增强辨别是非的能力。

3. 培养良好的生活兴趣和健康的业余爱好。正如艾米尔所说“没有精神生活的人会成为环境的奴隶”。读书既可以明智，又可以提高精神境界，应该成为我们生活的必需。此外，琴、棋、书、画及各种体育锻炼也是很好的个人活动，既可以陶冶情操，又能提高身体素质。

4. 不以物喜，不以己悲。正确对待个人得失和物质利益。不要对工作和回报斤斤计较，过分追求吃、穿、用等物质享受不可取。要做到“淡泊明志，宁静致远”。知足常乐、自得其乐、助人为乐，是充实精神生活的最好药方。

5. 明确自己的社会责任。每个人生活在这个社会中都有应履行的权利和义务，以及社会责任，何况党员干部。我们要对自己的行为负责，要关注国家的前途、民族的命运，正所谓“国家兴亡、匹夫有责”。

（二）对行贿者要坚决说“不”

党员干部掌握着权力，不可避免各种诱惑、算计都冲着你来，各种讨好、捧杀都对着你去，往往会成为“围猎”的对象。年轻干部要时刻绷紧牢记纪律法律这根弦，慎欲、慎权、慎微，注重加强党性修养，培养高尚情操，主动净化生活圈、朋友圈、社交圈，主动接受监督，不给“围猎”留下空子，知敬畏，存戒惧，守底线，增强反“围猎”能力，始终保持“赶考”的清醒，保持对“腐蚀”“围猎”的警觉，练就火眼金睛，识破“围猎者”的“陷阱”“招数”，对行贿者要坚决说“不”。

1. 断“横财”念。必须认清收受“横财”（不义之财）的危害，有“横财”的机会不是好事。

2. 下意识回避。不让行贿者有接触你的机会。行贿者一般会有明显的请托目的，求你帮办事，会预先发出信号。此时你要注意了，如果此人要见你，你可借机推辞，不要见他，更不能与他打得火热。

3. 警惕不速之客。注意突然出现在你家门口的人，此人可能是多年不见，平时又不来往，而一下子来登门拜访，并提了东西进门，这种人往往会求你帮忙办事，你应拒绝。

4. 注意谈事的地点。对有求于你的人，不要让他到家里说事。可到办公室里谈，谈事的时候最好能有其他同志一起参加。

5. 态度要坚决。发现行贿人有行贿迹象时一定要态度鲜明，果断拒绝，不要只是表面上推托。要记住，如果你的态度坚决、严厉，行贿者也会有所收手，因为行贿者是最善于察言观色、投其所好的。

6. 如果来说情的人是你的老领导或亲戚，应该在态度明确的同时委婉拒绝。拒绝不等于无情无义，只要说明理由，告诉他们帮忙的害处和后果，对方一般会理解的，也可以提出一些处理的建议。

7. 自己亲属名下银行卡的钱不明不白的增多，应立即到银行查证，若是行贿者汇来的，应及时退回去，或报告组织。

8. 如果发现有人把房屋、汽车等大宗财产以自己或亲属名义入户，并把财产交给亲属，应坚决退回给对方，并要求对方更改户名并向组织报告，并教育亲属、子女不要收这类钱财，且不能接受各种干股。一旦发现，坚决退回。

9. 警惕行贿者通过自己很要好的朋友送来的财物，或者通过介绍人（第三方）送来的财物。这些钱物来路不正，绝对不能要。

10. 警惕以感谢名义送来的钱物。你可能按照正常流程帮了人家的忙，人家要感谢你，给你送钱财、礼物，你一定要拒绝。

11. 警惕来自不同名义的钱财，如以单位名义给的劳务费、奖金、补贴等，或以给单位名义的赞助等。对这类钱财，最好先问个究竟。

12. 不要让管理服务对象和下属有投你所好的机会。比如，不要在他们面前说买房、装修房子、亲人生病、儿女结婚之类的大事；也不要在他们面前说缺什么、需要什么之类的话。

13. 自觉拒绝“潜规则”，不要有“我帮了你，你就得对我有所回报”“要点回扣、介绍费是理所当然”“不要白不要”的思想。

（三）核算好行贿成本

2021 年 9 月，中央纪委国家监委等六部委联合印发《关于进一步推进受贿行贿一起查的意见》，对进一步推进受贿行贿一起查作出部署。行贿是典型的腐败行为。行贿者为了寻求其不正当利益，会使用卑鄙手段，以物质利益引诱，以图换取比实际出资更大的回报。“以小换大”是行贿的表面公式，其实，行贿既害人又害己，行贿的付出并未有自己理想的回报。

1. 自觉消除行贿邪念，应先从提高认识开始，必须看清楚，在现实社会中行贿是无能的表现。要达到目的应当通过自身努力或竞争实现，而不应通过关系去谋取。

2. 行贿者拿物质做本，去换取自己的目标或不正当利益，所追求的“利润”往往是不能实现的。比如为了求取某个职位，行贿者一旦得逞后，必然又会疯狂套取，使其“收益”超过“成本”。由于套取是以不正当手段进行的，行贿者越变本加厉，败露就越快，最后得不偿失。这个人生公式的结果永远是负数。

3. 行贿害人害己。行贿首先伤害了行贿对象，连累其犯罪。同时又害了自己，正是“花钱买犯罪”。行贿破坏国家机关的廉洁性，败坏社会风气，万万做不得。

4. 行贿者的“本钱”往往又是通过不正当手段谋取得来的，比如，有的人利用管理单位财务之机，拿本单位的公款行贿；有的人在受贿的同时又行贿，其行为往往构成一条犯罪链，最终结果将是数罪并罚。

5. 不能以单位名义行贿或向单位行贿。有的人为了小团体利益，不惜以单位名义向有关领导或单位送钱送物，向上级机关或业务管理部门送钱送物，这同样属于犯罪，要追究单位领导人的责任和直接责任人的责任。

6. 不能以劳务费、奖金、补贴等名义行贿。尽管变换由头，其行贿性质都是一样的，应当禁止。

（四）“一把手”避免犯错误的妙招

“一把手”被赋予重要权力，担负着管党治党重要政治责任。“一把手”违纪违法最易产生催化、连锁反应，甚至造成区域性、系统性、塌方式腐败，必须以常态、有效的监督促使其做到担当作为、廉洁自律。如果不注意自觉接受监督，则很容易犯错误。特别是在贯彻民主集中制、处理组织人事和经济事项等重大事情方面，须十分谨慎。因此，敬畏权力，如履薄冰，应该是“一把手”的工作态度。

1. 最好不要直接分管人事、财务、工程项目等具体事项。

2. 重大决策、重要人事任免、重大项目安排、大额度资金安排使用，除紧急处置突发事件外，应先进行调查研究、分析论证，再经过领导班子集体研究决定。

3. 决策事项和程序应事先设定，最好能提前将议题告知班子成员，记住不要临时动议。

4. 当领导班子讨论决定重大决策、重要人事任免、重大项目安排、大额度资金安排时，最好作末位表态。

5. 如需要讨论决定重要事项，最好召开相应的正式会议。千万不要以书记办公会代替常委会（党委会或党组会），不要以常委会代替全委会。

6. 讨论决定事项，让班子成员充分发表意见，既可以集思广益，又能显示出你的气量。

7. 领导班子开会讨论问题时，对意见分歧较大的，暂缓表决为妙，并交代秘书将各种意见和理由如实记录下来，备查。

8. 应坚持过双重组织生活。除积极主动参加所在支部（小组）的组织生活外，还应定期组织召开支部民主生活会。

9. 在民主生活会上应带头开展批评与自我批评。特别是自我批评，不仅不会损害领导干部的形象，还会提高领导干部的威信。

10. 最好不要指令或授意组织部门针对特定人选制定干部调整动议方案。在领导班子讨论干部任免时，最好不要对拟任人选首先发表倾向性意见。

11. 不要突破职数提拔干部，或违反规定提高干部的职级待遇，或突击提拔干部，这都是组织原则不允许的。

12. 研究干部人事变动时，在充分酝酿的基础上，可以实行无记名票决制，不要怕“丢票”。

13. 对提出批评或检举自己的人，不要给人家“穿小鞋”。记住，有人监督不是坏事。自己的对立面就是一面镜子，经常照照镜子，可以帮助我们少犯错误。

14. 不要大包大揽。给副手一些任务和权力，比你一人去干好得多。要相信副手能把事情办好。疑人不用，用人不疑。

15. 切忌好大喜功。低调做人做官总有好处。对上级对群众不要“玩数字”，千万不要弄虚作假，搞“政绩工程”“面子工程”。

16. 不要搞团团伙伙、亲亲疏疏。一视同仁，一碗水端平，你的威信会更高。

17. 管好配偶、子女和亲属。对自己的配偶、子女及其亲属，不要让他们在本辖区内纪检监察机关、组织人事部门、财政审计机关或部门担任职务。也不要让他们在自己管辖地或管辖业务内经商办企业，或为其违规提供便利和条件。

18. 管好秘书和司机，不要让他们借自己的名义办事牟私利，比如报私账之类。

19. 带头严格执行领导干部个人重大事项报告制度，对个人的财产、收入、婚姻状况如实向组织报告，对组织忠诚老实才能得到组织的信任。

（五）走出消极心态的怪圈

消极心态是人性的弱点之一。消极心态不仅影响事业和人生，还会引发政治违纪。消极心态往往出现在受到挫折、受到委屈、怀才不遇的时候。有消极心态的人看什么都不顺眼，会感到前途无望，甚至破罐破摔。避免违反政治违纪，必须从克服消极心态开始。

1. 切莫患得患失。不要老想自己失去什么，应当经常想想自己得到了什么。多想想美好的未来。比如，你有半杯咖啡，不要因为杯子上半部分是空的而失落，而要看到杯子的下半部分是咖啡。可以换个角度看问题，不要让消极心态转化为对现实不满的情绪。

2. 学会感恩。感恩是一种处世哲学，是生活的大智慧。懂得感恩才会热爱生活。

3. 不要抱怨自己生不逢时或官不逢时，也不要抱怨自己当初没有抓住机遇，要相信机遇是给有准备的人的。

4. 不要为自己遇到的挫折和职场的不顺心而泄气。很少有一帆风顺的事业，人生也总有不完美的地方。要记住“塞翁失马，焉知非福”“失败是成功之母”。

5. 以成功者为榜样，学习成功者的经验。趋利避害、扬长避短发展自己的事业。多与积极乐观的人交朋友，避免产生消极心理。

6. 树立自信心，克服自卑的消极情绪。相信经过自己的努力就一定能够成功。

7. 积极总结挫折和失败的原因，下意识地纠正自己的不足，认准努力的方向，修正人生。